1～6歳 成功する！しつけの技術

叱らなくても大丈夫

癒しの子育てネットワーク代表
阿部秀雄 著

KANZEN

はじめに

「大切なノー」を受け入れてもらうために

4歳の坊や。妹を叩く、親に注意されて気に入らないと怒る、自分の思い通りにならないと泣いてぐずる……が気がかりで、というご両親に連れられて相談に来ました。

私がご両親に代わって、手頃な聞き分けの課題に誘って、しばらくやりとりを続けているうちに、それまでずっと、「やめろ」とか「やだ、やだ」とか乱暴な言葉を吐き続けて、私の言い聞かせに逆らい続けていた坊やが不意に、

「ボク、がんばる!」

と叫びました。

そして、りりしい顔つきになって、スイスイと課題に応じたのです。ご両親の感激といったらありません。お父さんは、

「これまで、これだけかわいがっているのだから、いつかきっと気持ちが通じて、聞き分けてくれるはずだ、と思っていました。それにしても、ちょっと子どもの機嫌を取りすぎていたかもしれません」としみじみおっしゃっていました。

生活のルールや周囲の都合のために子どもの要求や行動を制限する、という

「大切なノー」を受け入れてもらうことをめぐって、親と子のあいだにはしばしば葛藤が生まれます。私たち親はその葛藤をつい回避したくなってしまいますが、それというのも、そのノーを子どもにどう伝えたら納得して受け入れてもらえるか、その手立てが見えにくいからではないでしょうか。

しかりつけ
つっけんどんで
けんか腰

というしつけではなかなかうまくいきませんが、だからといって、

したいだけ
つきあう
けらい

でもラチがあきませんね。

正しいノーを子どもに納得して受け取ってもらい、しつけを通じて親子の絆がますます強く結ばれていく、そんなおいしいやりとりに役立ててもらえるような考え方や手立てをお伝えしましょう。あわせて、癒しの子育てネットワークのホームページから、関連する体験をいくつか紹介しますので参考になさってください。

目次

カバーデザイン／寒水久美子
カバーイラスト／くどう のぞみ

自信がつくしつけマンガ

ママがんばって

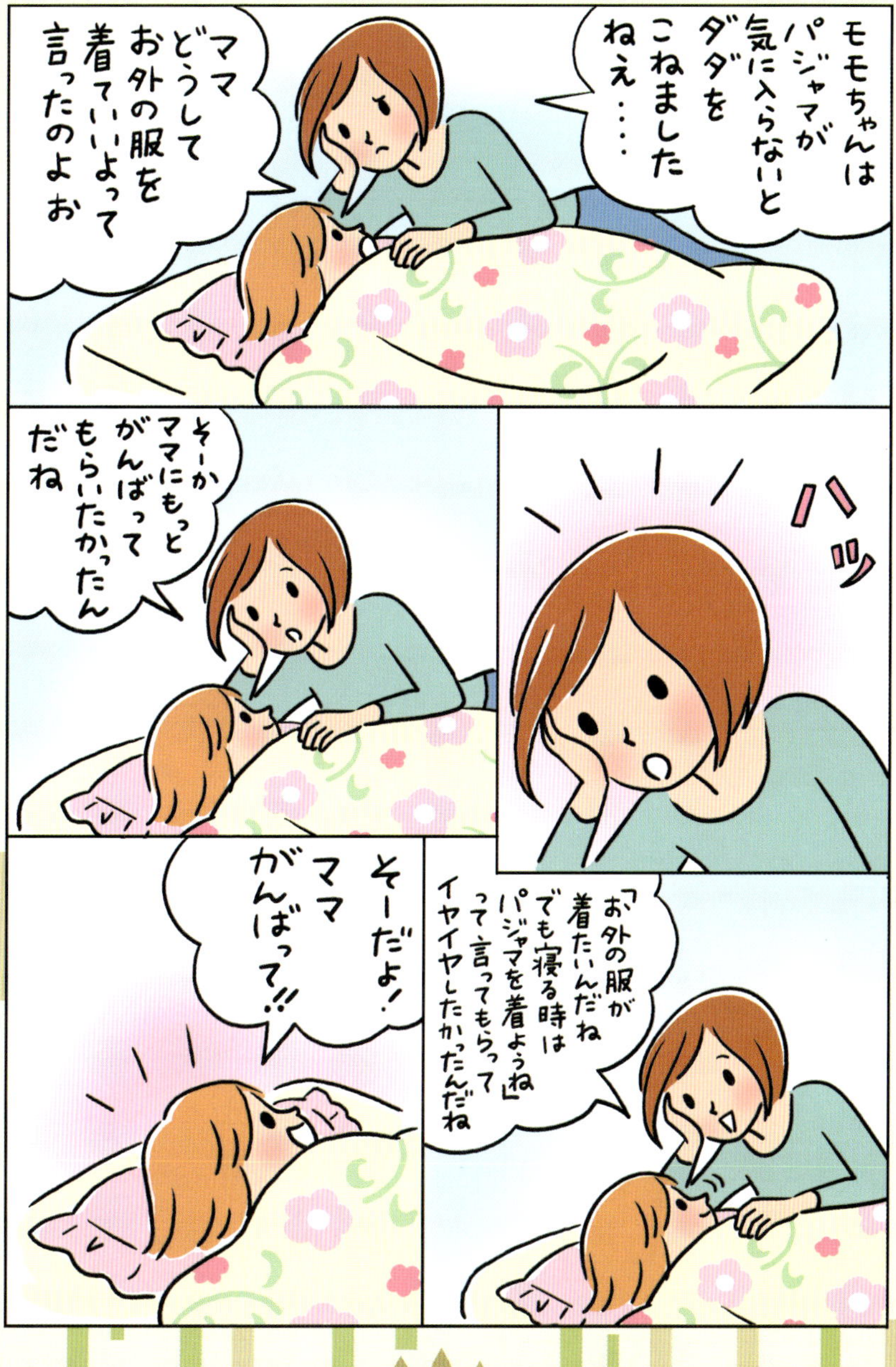
モモちゃんはパジャマが気に入らないとダダをこねましたねえ・・・・
ママどうしてお外の服を着ていいよって言ったのよぉ
ハッ
そーかママにもっとがんばってもらいたかったんだね
「お外の服が着たいんだねでも寝る時はパジャマを着ようね」って言ってもらってイヤイヤしたかったんだね
そーだよ！ママがんばって!!

数日後…
ほいくイヤ〜〜!!
あらら…
育児の会 ほいくしつ
ママのおひざでおとなしく話を聞けるからいいでしょ？
がんばって!!
うーーん
今日はやめるか…
いかんいかん これは私にとっての修業だ
よしっ!
保育嫌だね でもママは今日はお仕事だから イヤイヤしながら保育に行こうね
イヤだ〜 イヤだ〜

バタン
ママにバイバイする〜
ママバイバイ
バイバイ
パタン
〜
うふふ あははは
……!
イヤイヤを素直に言えるようになってから気持ちの切り換えが上手になったな
それから……
ママ〜ズボンはかせて〜
タタタ
モモがイヤイヤって足をバタバタするけどがんばってはかせてね〜
よしっ!!

まて
まて～
イヤ
イヤ～
さあ
はくよ～
イヤだ～
イヤだ～
じたばた
いま
どんな
気持ちなの？
気持ち
イイの!!
先生に出会った
おかげで
ほんとうの親子の
幸せな時間を
取り戻せたと思います

自信がつくしつけマンガ

女《おんな》親《おや》分《ぶん》が行《い》く

なるほど それももっともだ
よし 聞いてやろうじゃねぇか 言ってみろ
まず わっしを 抱いて おくんな せぇ
こうか？
いや、こうです 親分は 大きくなくちゃ いけません
よし 抱いてやる いい子だ いい子だ
はなせ はなせ
なんだ はなして ほしいのか
はなせと 言われても はなしちゃ ダメです ぜ 親分
なんだ そうなのか
はなせ はなせ
はなさん はなさん

わあ〜ん
あらあら 泣いちゃった 悪かったな ほら はなしたよ
泣いたからって はなしちゃダメ
いったい どうしたら いいと言うんだ
しっかり抱いて ヨシヨシして おくんなさい
ヨシヨシ ヨシヨシ
だって だって 親分は 二の子分ばっかり かわいがって いるじゃねえか
そんなこと言ったって おめえ 二の子分は まだ この家に慣れねえし
zzz
世話焼かなきゃ なんねえだよ それに‥‥

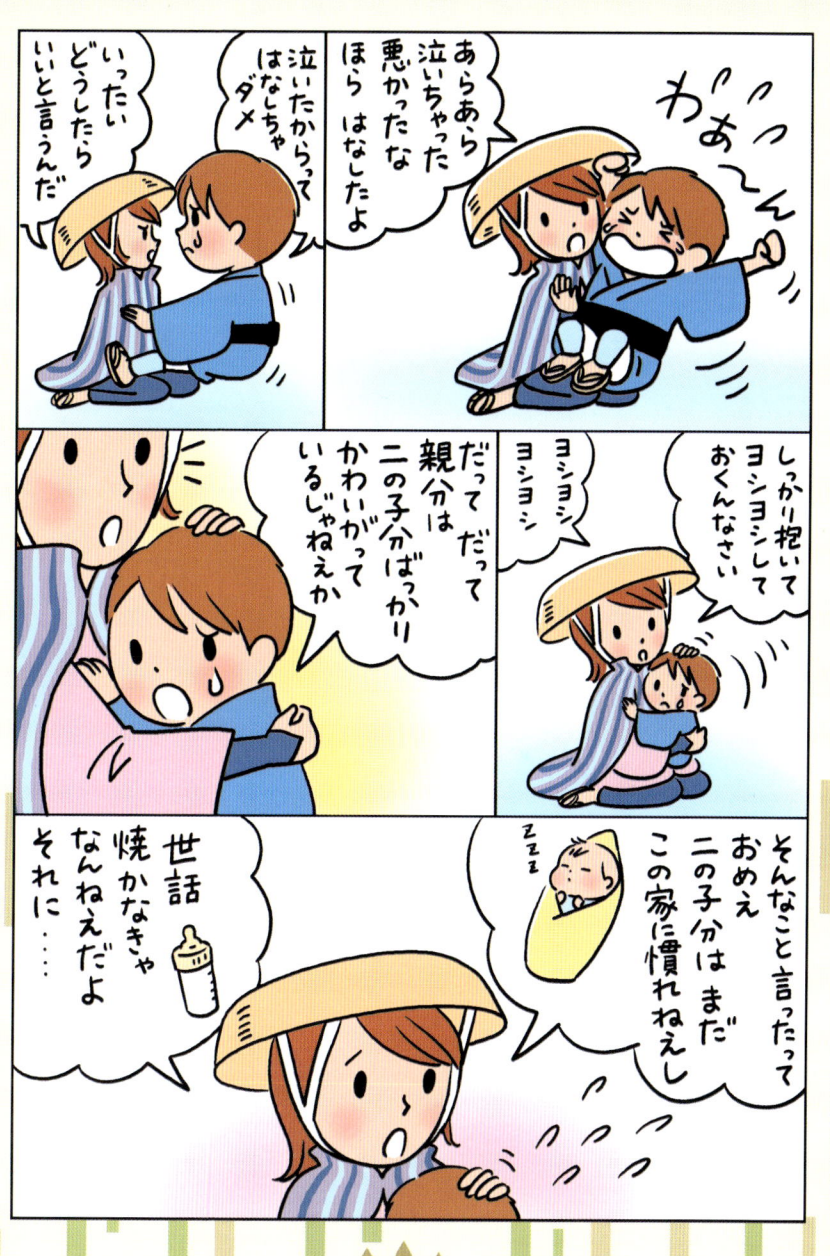

そんなこと
頭じゃわかってらぁ
でも心が納得
しねえんだい
だから
わっしの泣き事に
ただ耳を傾けて
おめえにさびしい思いを
させたな と言ってくれれば
いいんでがんす
はっ
二の子分が
来てから
ずうっと
大事なおめえに
さびしい思いを
させたな
うわーん
うわーん
ヨシヨシ
一の子分も二の子分も
同じように
かわいいんだぞ
わっしも親分が大好き!
ワッチも

しつけとは?

心の運転手になる

赤ちゃんの時期に親子の絆がしっかり結ばれていると、大きくなってからのしつけがしやすくなります。でも、何と言っても、しつけが本格的に始まるのは、一歳なかばを過ぎ、赤ちゃん期を卒業して、自分の足で立ってヨチヨチ歩きを始める頃からです。

この頃から三歳頃までを、自分の足で立つ、つまり自立期と呼ぶことがありますが、それは、単に立って歩けるようになるという身体的な意味だけでなく、精神的な自立が始まるという意味でもあるのです。

この時期になると、自分の思いのままに心と体を運転して、世の中を自由に動き回りたい、という気持ちが強くなるので、自己主張も盛んになり、それがかなわないとなると、自分の思いをむりやり通そうとしてダダをこね、どうしても思うようにならないとカンシャクを起こします。

ですから、自己主張、ダダこね、カンシャクの三点セットが出揃ったら、もう赤ちゃんを卒業したのだ、と赤飯を炊いて祝ってあげたらいいのです。

そうは言っても、ただ喜んでばかりもいられません。

せっかく自己主張の楽しみを覚えたところですから、できるかぎり自己主張の機会を尊重してやりたい。でも、めいめいが自分勝手に、好きなだけスピードを出していたり、交差点の真ん中で止まったり、反対車線を走ったりしていたら、たちまち事故が頻発してしまいます。それを防ぐために、世の中には交通ルールや運転マナーができているわけですね。

こうしたルールやマナーを身につけてこそ、子どもたちは自由に、心おきなく世の中を走り回ることができます。正しい制限は、自由をもたらすのです。
すると、子どもは自分の主人公になることができます。自分の人生という物語を演じていく主人公に――。

自分の衝動や欲望のままに動いてしまう子どもは、自由とは言えません。衝動や欲望に翻弄されているだけです。ですから、しつけの目標とは、

「心の運転手を育てること」

「子どもが自分の心を自在に運転できるようになること」ではないか、と私は考えています。単に従順で聞き分けのよい子どもにすることではないのです。

もっとも、まだ幼いうちから、細かなルールやマナーをいちいち教えこむことはありません。細かなルールやマナーはおいおい、必要に応じて覚えていくことにして、まずは、

「正しいルールやマナーを納得して受け入れようとする態度」

が身についているといい。

それを端的に言うなら、

「自己主張と自己抑制がバランスよく身につくこと」

と言ったらいいでしょうか。

自己主張とは、心のアクセルを踏むようなもの。

自己抑制とは、心のブレーキを踏むようなもの。

アクセルとブレーキをバランスよく踏み分けながら、交通ルールに合わせて、自分の行きたいところに向かってハンドルさばきができるようになったら、もうしめたも

のです。

他人に対して自分を主張することも、他人の主張を受け入れて自分の主張を抑制することも、そのどちらもが社会生活を送っていくのに大切なものだということは、考えてみればすぐに分かりますね。自己主張ができないと、友だちづきあいの中で損をしてしまいます。他方、自己抑制が弱く、自己主張しかできないでは、相手にされなくなります。

ですから、四歳を過ぎたあたりから本格的に始まる社会生活に先だって、つまり一歳半から三歳にかけて、そのどちらをも同時に育てていくしつけができたらいいのですが、事実、それを受け入れるだけの素地がこの時期に育ってきています。

それにしても、自己主張と自己抑制という両立しにくい心を、どのようにして両立させることができるのでしょうか。

お子さんがアクセルとブレーキの踏み分け方を覚えて、上手な安全運転ができるようになるためには、自動車教習所に通ってもらう必要があります。

自動車教習所、それは家庭です。

教習所の先生、それは親です。

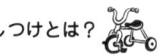

教習の期間は、ほぼ一歳半から三歳頃まで。

でも、子どもによっては卒業がもう少し延びます。ときには思春期までもつれこむこともあります。卒業は早いばかりがいいわけではありませんから、先を急ぐよりもほんとうの実力が身につくことを心がけて、手塩にかけて、親身になって教えてあげましょうね。

心の運転免許証を手にした子どもは、いよいよ子ども社会に出て行って、自由に楽しく動き回ることができます。楽しみですね。

ところで、車の運転には燃料のガソリンが必要ですが、子どもにとっては親からもらう安心感が燃料です。あるがままにかわいがられているという実感です。日々車を走らせるほどに燃料が減っていきますから、そのつど満タンに給油してやる必要があります。安心感というガソリンは、三度のメシみたいなものですね。親というのは、自動車教習所であって、同時に、ガソリンスタンドでもあるのですね。

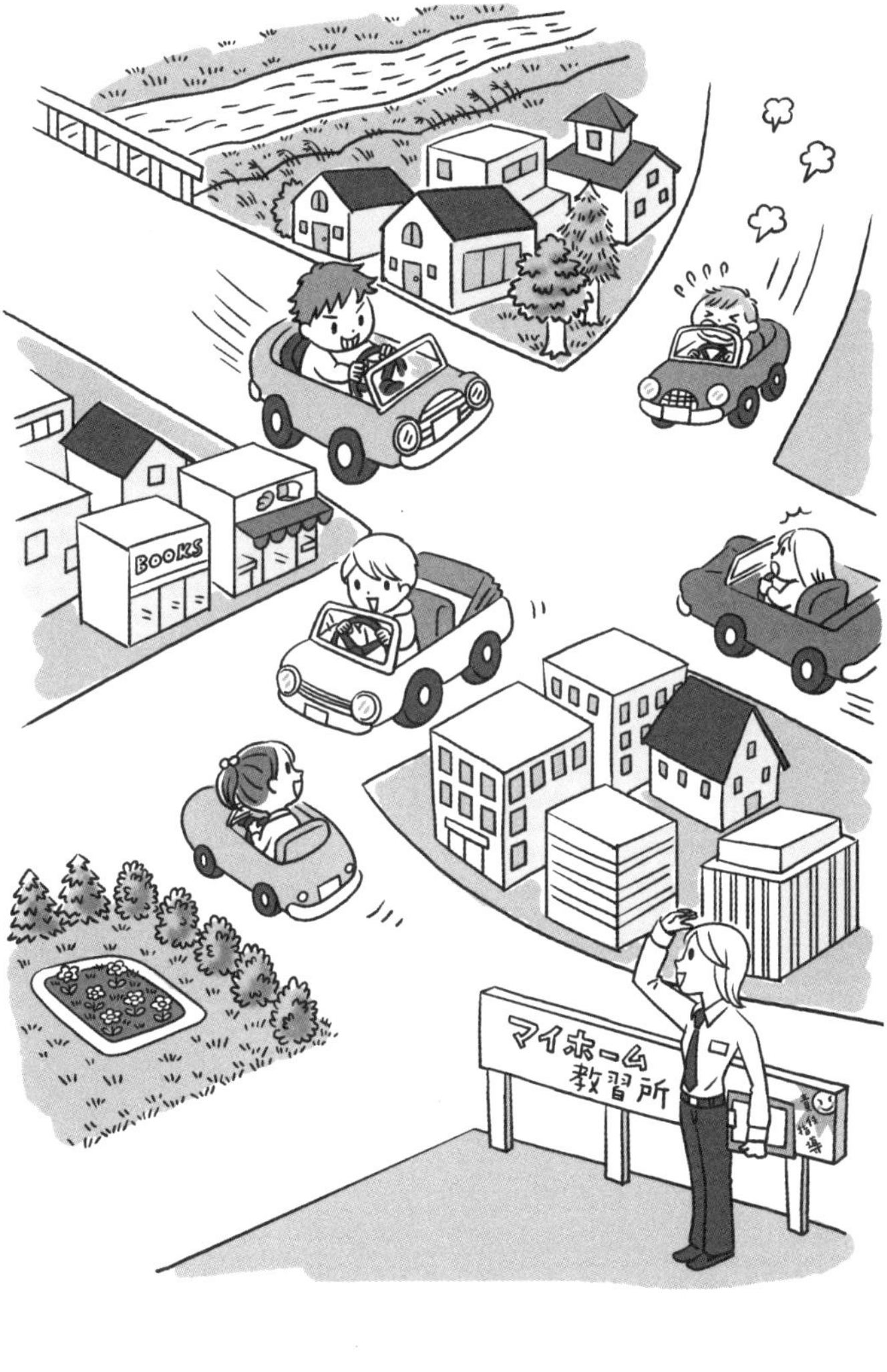
BOOKS
マイホーム
教習所

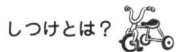

子どもには向上心がある

さいわいなことに、子どもの意志の働きが活発になって自己主張が盛んになるちょうどその時期に、自分の欲求をいっとき先延ばしする自己抑制の力も、少しずつ発揮できるようになるのです。子どもの成長のカラクリって、うまくできていますね。

しかも子どもは、親のしつけを受けて、しぶしぶそれを受け入れるのではなく、むしろ、親の言うことを喜んで聞き分けたい、そのために親に導いてほしい、と思っています。

つまり子どもには、立派なおにいさん・おねえさんになっていきたいという向上心があり、親にも喜んでもらい、自分でも自分を誇りに思えるようになりたいという自尊心があるからです。

えっ？　あのわからずやの、わがままな子どもに、そんな向上心や自尊心があるとは思えないですって？

いいえ、向上心や自尊心がたしかにあるのですよ。もしあるように見えないとすれば、まだ姿を隠しているだけのことです。

次の体験は、「断乳させるなんてイヤ」とダダをこねるお母さんを、２歳になったばかりの坊やが、「ボクは卒乳したいんだよ」と励まして決意を促した例です。

とにかくおっぱいの大好きなリュウジュでした。明けても暮れてもおっぱいでした、抱っこに出会うまでは。

おっぱいを飲ませまくっていたのには、私なりのワケはあったのです。私のところに来てくれた小さな尊い命にとって、私は世界の代表だから、求めれば与えられるという世界観を彼が築いていくために、と。赤ちゃんの頃は泣くたびに、動けるようになってからは飲みに来るたびに……疑問の余地など皆無でした。

初めて相談室のドアを押して、「大切なおっぱいはほんとうに飲みたいときだけおいしく飲む、そのために、おっぱいを逃げ道にしない」ことを秀雄先生に教えていただきました。リュウジュは退屈なとき、痛かったとき、悲しくなったときには、おっぱいに逃げることなく、きちんと自分の気持ちに対峙して、いっぱい泣くことができるようになりました。

リュウジュが「おっぱいにバイバイしてもっとおにいちゃんになるぞ」という向上心を持つときがきたら、その芽を摘み取ることはするまい、という決意もリュウジュの前でしました。

……………………………………………

でも、その日は遠い未来のことだろう、まさか中学生になっても飲んでいるってことはないだろうけどね、とお母さんはたかをくくっていたのです。

ところが、それからしばらくして——。

……………………………………………

リュウジュにひと声かけて洗面所に行き、用を済ませて出ようとすると、外からバタンと扉が閉められた。そおっと開けると、リュウジュが泣いている。泣きながら扉を閉める。

「ダメ。ママ。バイバイ」

「……え?」

部屋に戻ろうとする私を、2歳になったばっかりのチビッコが全身で拒否し、押し戻そうとしている。

「ママ、バイバイ。オッパイ、バイバイ」

ごめん、夕べビールを飲んじゃったんだ。

「今朝のおっぱいまずかったよね、ごめんなさい。これからは気をつけるね」

「ううん。オッパイ、バイバイ」

……動揺して頭がグルグルする。

「まずかったよ、って教えてくれているんじゃなくて、もう、ずっと飲まないの？　おいしくて大好きなおっぱいなのに、飲まないの？」

「ウン、オッパイ、バイバイ」

そんなこと言ったって、また飲みたくなるに違いない。ちょっと言ってみただけだろう。第一、ねんねのときはどうするんだ？

でも、……リュウジュの向上心だ！　私が潰してどうする！

「わかったよリュウジュ。話してくれてありがとう。リュウジュはもうおにいちゃんだからおっぱいは飲まないんだよね。すごいね、自分で決めて」

以前相談室で、

「リュウジュがおっぱいをバイバイするなんて、絶対にいやだ。リュウジュにおっぱいあげるの大好きだもん。バイバイされたら寂しいよう」

とグチをこぼして、女性スタッフに抱きとめられたお母さんも、いよいよ覚悟を決めて、最後のおっぱいをあげました。


大切に、静かに飲みました。厳粛で豊かで幸せな、密度の高いひとときでした。

「もういい?」

「うん」

「ありがとう、リュウジュ。おっぱいにありがとする?」

「うん」

ちいさなかわいい指をそろえ、そおっとやさしくなでて、「ありがと」してくれました。ああ、ほんとうに決別したんだな。2歳の誕生日から10日目のできごとでした。
と、ここまでだったら「かっこよすぎる話」になるけれど、この日の残りの時間は、長くて壮絶でした。二人とも、揺れに揺れ、泣きに泣きました。

やっぱり飲みたい。眠たくなったら、もっと飲みたい。

「ちょうだい。バイバイ、イヤ」と大泣きするリュウジュ。

私は、子どもの向上への欲求を汲み取る準備が何とかできていたので、その言葉を真に受けることなく、

「バイバイ、イヤって言いながらでも乗り越えていきたいんだね」

と共感し続けることができました。

二人で心ゆくまで泣いてから、ゆっくりと、どっしりと、落ち着きがやってきました。不安だった夜も、二日目からはぐっすりじっくり眠ることができるようになりました。

後日、どんな涙だったかを思い起こしてみると、「さびしい」というより「幸せだったなあ」という感じ、リュウジュはスゴイ！って尊敬する気持ち、世界中に声をふりしぼってみんなに伝え、感動を共有してほしい気持ち。言葉にす

……るとそんなふうだったのではないかしら。

向上心や自尊心はあるのですが、親の助けがないと発揮できないのです。

葛藤を納得へ

子どもの心の中をのぞいてみると、

「お母さんの言うことはもっともだ。聞き分けるぞ」

という向上心と、

「でも、こうしたいなあ」

という未練の気持ちとが葛藤しています。

ボクには向上心があるよとは、親には伝えません。

親に見せるのはもっぱら未練の気持ちのほうです。なぜなら、その未練の気持ちを

向上心と未練の気持ち

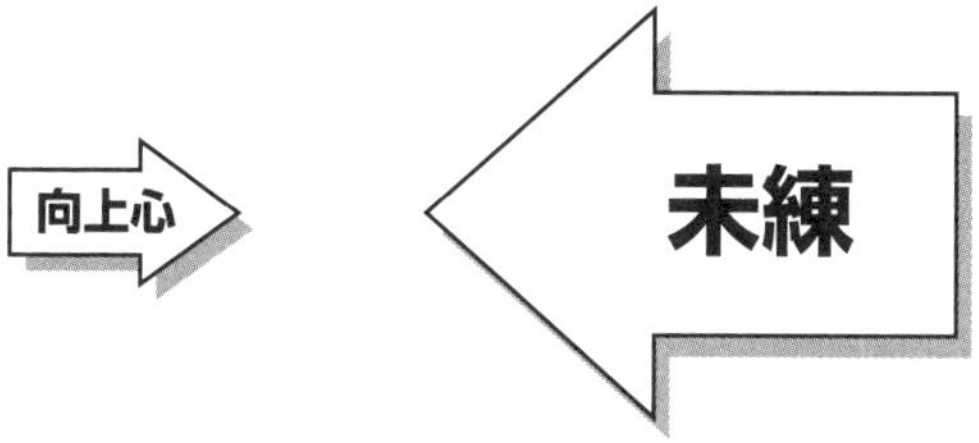

未練の気持ちが向上心を上回っているので、納得して聞き分けられない。

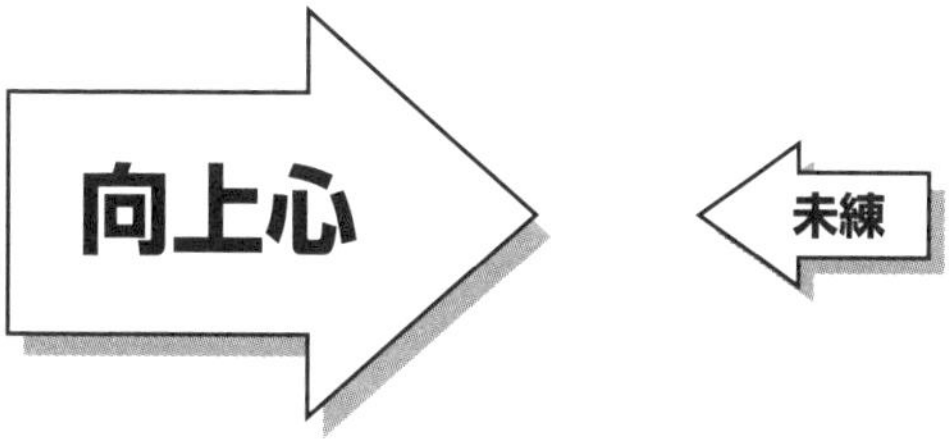

向上心が未練の気持ちを上回るようになったので、葛藤が納得に変わる。

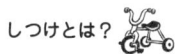

断ち切るのを親に応援してほしいからです。

この葛藤の結果がどうなるか、聞き分けにいくかどうかは、二つの気持ちの力関係によって決まります。前ページの図の上のようになっていると、未練の気持ちが勝ってしまいますが、それが下のような力関係に変われば、子どもは納得して、

「よし、やるか」

という気持ちになります。

葛藤が納得へと変わって、しつけが身につくのです。

でも、子どもが自力でその葛藤を乗り越えるというのはとても難しいことです。それにはどうしても、親の手助けが不可欠なのです。

親が手助けをしてくれるということが分かると、子どもは安心して、未練心を親にぶつけることができます。

その、すんなりとは聞き分けられない気持ちを親が受けとめて共感しながらも、

「でも、こうしようね」

と励ましてやると、子どもの内面の葛藤は、親と子のあいだの葛藤という形を取ります。

言い換えれば、子どもが自分の心の中の葛藤を乗り越えるのを応援するためには、親が本気になって、子どもとのあいだの葛藤を乗り越えなくてはならないのです。

親がその葛藤を避けていたのでは、子どもは内面の葛藤を乗り越えていくことができません。

そうなってしまうと、親も子もがっかりしてしまいます。しつけのやりとりは、共勝ちか共倒れかなのです。

自己抑制
自己主張
よーっ日本一!!
愛してるよっ!!

効き目のない(?)しつけ

子どもの言いなりになる

子どものしたいこと・したくないことを心ゆくまで尊重してあげれば、親の誠意や愛情が子どもに伝わって、子どももまた親の言うことを聞いてくれるようになるだろう、と考える人がいますね。子どもが求めている思いを大切にしてあげよう、満たしてあげようとするステキな親心です。

それなのに、ときとしてしつけがうまくいかないことがあるのは、子どもが「こうしたい！」とか、「イヤッ！」と言い張っておねだりすることが必ずしも、子どもがほんとうにかなえてほしい大切な願いだとはかぎらないからです。

表面的なおねだりと大切な願いの見分け方を身につけさえすれば、もう鬼に金棒。子どもの大切な願いを聞き分けることで、きっと上手なしつけができるようになるでしょう。

理詰めで説得しようとする

幼い子どもでもちゃんと理解力があることを知っているので、むりやり押しつけるのではなく、その理解力に訴えて、納得して行動してもらおう、と願っているステキな親心です。

それなのに、ときとしてしつけがうまくいかないことがあるのは、分かっちゃいるけどやめられない、頭では理解しているけど気持ちが納得しない、という心のカラクリが子どもにあるからなのですね。

そのカラクリさえ理解できれば、もう鬼に金棒。

理詰めで押せる場合と押せない場合のメリハリがしっかり身について、きっと上手なしつけができるようになるでしょう。

感情的に叱る

言うことを聞かないからといって、感情的になって子どもを叱ってしまうことがありますね。大切なことを何としてでも子どもに分かってほしい、と強く願っているステキな親心です。

それなのに、ときとしてしつけがうまくいかないことがあるのは、子どもにとっても同じように感情表現が大切だ、ということに気づかないからではないでしょうか。

自分が感情を爆発させてしまうのは、自分の意志ではどうにもならない心のカラクリから来ているのだ、とまず自分を許して、子どもにも同じカラクリが働いて聞き分けられずにいるのだ、と気がつきさえすれば、もう鬼に金棒。

親子で互いに仲良く気持ちをぶつけあいながら、きっと上手なしつけができるようになるでしょう。

子どもを叩く

子どもを導くには、子どもから離れたところから声をかけるだけではラチがあかない、ときには子どもと体と体でひたむきにふれあうことが大切だということを、たとえ無意識のうちにせよ知っているステキな親心です。

それなのに、ときとしてしつけがうまくいかないことがあるのは、ひたむきさのなかには大好きがいっぱい詰まっているのに、そのひたむきさをただがむしゃらに子どもにぶつけることしかできないため、せっかくの大好きが子どもに伝わらず、親のいらだちもエスカレートしていき、ついには手を上げてしまうことになるのですね。

ひたむきなほどの大好きをうまく伝えるアイテムを身につけさえすれば、もう鬼に金棒。

大好きが子どもに伝わって、きっと上手なしつけができるようになるでしょう。

おどす・すかす

「言うことを聞かないとおまわりさんが来るよ」「パパに言いつけるよ」などと、自分以外の人の力を借りたり、「言うことを聞いてくれたらお菓子を買ってあげるからね」などと、子どもにとって魅力的な物の力を借りたりすることがありますね。子どももとうまく交渉して、納得してしつけを受け入れてほしい、と願っているステキな親心です。

それなのに、ときとしてしつけがうまくいかないことがあるのは、親が他の力を借りずに直接気持ちをぶつけてきてよ、と子どもが願っているからではないでしょうか。

そのことに気づいて、自分のホンネの気持ちを伝えられるようにさえなれば、もう鬼に金棒。

親の真心が子どもに伝わって、きっと上手なしつけができるようになるでしょう。

力ずくで言うことを聞かせる

子どもをしつけるとき、問答無用とばかりに、実力行使で言うことを聞かせてしまうことがありますね。子どもをしつけるには、親が主導権を発揮することが大切なことを知っているステキな親心です。

それなのに、ときとしてしつけがうまくいかないことがあるのは、子どもには自分の言い分を聞いてもらいながら聞き分けたい、という気持ちがあるからです。

互いに気持ちを体で伝えあうやりとりのコツに気づきさえすれば、もう鬼に金棒。お互いの気持ちがしっかり噛み合って、きっと上手なしつけができるようになるでしょう。

突き放す

子どもが言うことを聞かないとき、「それなら置いていってしまうよ」とか、「勝手に泣いていなさい」と突き放すことがありますね。子どもの自立心を信じて、子どもがみずから立ち直ることを期待するステキな親心です。

それなのに、ときとしてしつけがうまくいかないことがあるのは、まだ自立への途上にある子どものことですから、なかなか親の期待するようには、自力で立ち直ってくれないからなのですね。

子どもの自立をどう支えたらいいのか、どう手放していったらいいのか、その支え方のノウハウを身につけさえすれば、もう鬼に金棒。

あえて突き放さなくても、自立に向けて、きっと上手なしつけができるようになるでしょう。

納得するしつけ①

親の威厳を取り戻す

親分子分の関係

しつけに責任を負い、しつけをリードするのは親です。

しつけというのは、

「親が子どもを一人の人間として尊重しながら、子どもと対等な立場で、親子の共同作業として進めていくとうまくいく」

と私は思っていますが、それにしても、しつけに責任を負い、しつけをリードするのは親です。リードしてもらうのは子どもです。

こんなことを強調するのも、子どもが自分で自分をコントロールできるようになるのを助け、生活のルールを教えなくてはならないのは親なのに、私たちは心ならずもつい、子どもの望むままに譲歩して、子どもの言いなりになってしまいがちだからです。

ですから、しつけのやりとりのさい、子どもへの言葉のかけ方としては、

「〜しようね」

「〜してね」

という言い方になると思います。もちろん、ほどほどに譲歩したり妥協したりはあっていいのですが、私たちはついつい、

「〜する?」

「〜しようか?」

といった意向を伺うような言い方になりがちですね。

でも、何と言っても、子どもの自我はようやくヨチヨチ歩きを始めたばかりですから、まだまだ頼りなく、未練の気持ちに圧倒されてすぐに倒れてしまうのです。

ですから、子どもがまがりなりにも自分の力で運転できるようになるまでのあいだは、親は助手席にいて、必要なとき必要なだけ、子どもの自我を支えてやらなければなりません。

人と人として対等でありながら、同時に、導き導かれる関係。

それを、私はよく、分かりやすいたとえとして、親分とかボスといった言い方をします。

親が親分。子が子分。

それが逆転して、子どもが親分になり、親が子分のようになってはいけません。どれほど子どもがかわいくても、それはダメです。

目標は、子どもが自分自身のボスになっていくことですが、そのためには、まずは親が子どものボスになってあげることが大切です。親に導かれ、支えられる体験を重ねていくと、その体験がしだいに内面化されていき、自分自身の内部に、頼りになるボスが育ってくるのです。

それに応じて、親は徐々に、ボスの座を子ども自身に譲り渡していくことができます。子どもが自分自身のボスになっていくにつれて、子どもは自分の心を自分の手で運転できるようになっていきます。

そのためには、親もまた自分自身のボスであるように、自分自身の育て直しを心がけていきましょう。親が自分自身の子ども心に乗っ取られながらのしつけではうまくいきませんからね。

親が自分のボスになる

↓
親が子のボスになる
↓
子が自分のボスになる

という順序を考えておきましょうか。

親分とかボスとか言っても、もちろんいい意味で使っているのですよ。問答無用の親分でもなければ、暗黒街のボスでもなく、言ってみれば、

「指導力があり、包容力もある」

「頼りになり、しかもやさしい」

「大切なことを手を取って教えてくれる」

「自分を安心してゆだねることができる」

そんなイメージでしょうか。次に紹介する体験を教えてくれたお母さんはそれを、「やさしさのある威厳」という言葉で表現しています。

心に響く叱り方

もうすぐ3歳になる息子ですが、何かにつけてイヤイヤがひどく、いくら言っても耳を貸してくれず、「もう、勝手にしなさい」と突き放しても効き目がないので、私はお手上げ状態。

結婚に失敗して実家に身を寄せていたので、妻としても母としても自信が持てなくなって、ウツになるほどでした。

相談室に子どもを連れて伺おうと思っていた矢先、不思議なことが起きて、何とか見通しがつきそうなのでご報告します。

実はたまたま歯医者さんに連れて行ったのですが、や

はり治療を受けながら泣いて暴れていました。

　そうしたら、歯医者さんにぴしっと叱られたのです。

「あまり泣いてばかりいると、もう帰ってもらうよ。治療がイヤなのはよく分かった。でも、自分でうがいをしなさい」

　そうしたら、息子はひっくひっくと泣きながらも、歯医者さんの言うことを聞いていました。

　私はそれを見ていて、ちょっとかわいそうな気がしました。

　ところが、息子はと言うと、意外や意外、何だか叱られたのがうれしそうにも見えたのです！

　それからというもの、私の話を前よりは聞くようになりました。私が何かに誘うと、しばらくイヤイヤを言ってから、そのあとで「いいよ」と言ってくれるようになったのです。年下の男の子の面倒を一生懸命見ようとしたり、ほほえましい様子も見せています。

　歯もきちんとみがいてくれるようになりましたし、靴を自分で脱いで揃えるようになったなど、いい面がたくさん出てきました。

　一生懸命に背伸びしようとしているのが分かります。歯医者さんが叱ってくれたのがよほど心に響いたようです。

　このお母さんは、それまでの子育てを振り返って、子どもに振り回されていたというのは、親である自分が子どもに、完全になめられていたのだと反省し、やはりかわいがるだけでなく厳しいことも大切なのだと思いました。
「でも、ただ厳しいだけではダメで、子どもの心に響くような叱り方でなくてはいけないのですよね」
「この秘密を探らなきゃ」
　そこから、お母さんの探求が始まりました。

子どもの心に響くような叱り方とは？

私の父が叱るときもあるのですが、妙に威圧的なのです。母は「あっそう」という感じ。私は感情的になってヒステリーを起こすか、いじけるか。家の誰もが歯医者さんのような叱り方はできません。

「歯医者さんは、厳しい中にもやさしさがある」

「威厳のあるやさしさ」

「威圧と威厳は違う」

「その威厳はどこから出てくるのだろう？」

「表情？　声？　話し方？　言葉づかい？　子どもの気持ちを汲んでいるから？　教え導こうとする愛があるから？」

「歯医者さんは、存在そのものが大きいんだ！」

「その存在感が、威厳のあるやさしい表情や、声や、話し方や、言葉づかいとなって出てくるんだ！」

もしかするとママ自身、自分の生い立ちの中で、そうした叱られ方を体験してこなかったのかもしれませんね。いくら人から話を聞いても本を読んでも、自分が体験して実感できていないことを実行するというのはとても難しいことです。

でも、歯医者さんという実例を目の当たりに体験して実感できたいま、ママは何か腑に落ちるものがあったのでしょう。「まだ歯医者さんのようにはしっかり叱ってやれませんが……」とは言いながらも、

「……もう少し自信を持って、子どもが泣いてもひるまないようにしたい。子どもを

威圧していじけさせたり反発させたりしてしまうのではなく、でも少々は怖く、そして、叱るというよりは正しいことを、子どもの心に届くように教えさとす、そんな叱り方を心がけていきたい」

とけなげに決意を固めました。

「私には、そんな威厳なんてないわ」

という声も聞こえてきそうですが、だいじょうぶ。

親が自分自身の心を自在に運転できる状態（おとな心が立った状態）を目指していくと、こうした威厳は自然に現れますからね。

もう一つ、坊やが叱られてうれしかったようだ、ということもママには想定外のことだったようなのです。「子どもには向上心があるんだ！」というあらたな子ども観ができていく最初の一歩になったことでしょう。

向上心を応援するためにと思って叱るのと、子どもというのはもともとわがままなのだと思って叱るのでは、親の叱り方も、子どもの受け取り方もおのずと違ってきますからね。

叱ると怒る

あるお母さんは、姉妹のけんかが始まると、

「こらっ、やめなさい！」

から始まって、

「どうして何度も言っているのに聞かないの！」

へとエスカレートし、そして最後には、

「そんなにけんかしたいなら、家の外でやりなさいっ！」

とまで言ってしまうこともあったのですが、あるとき姉のモエちゃんから、

「ママが、出て行きなさいって言うと、いやなの……」

と泣かれてしまいました。


……「そうねえ、出て行きなさいって言われたら、いやだったよね。寂しかったよ

ねえ」

と共感すると、もうモエちゃんはおいおい泣いています。

「でもね、ママが、モエちゃんやハルちゃんを叱るのはね、大好きで、大事な二人が……」

と言いかけて、自分でもハッとしたそうです。

「ああそうか、私は、いけないことしたから、叱るんだと思っていたけど、(それはもちろんとして)大好きだから、叱るんだ。大好きで大事な子だから、叱るんだ。でも、そこを伝えていなかったから、モエちゃんは悲しくなったんだ。大切なポイントを伝えていなかった」

と気づき、あらためて心をこめて伝えたそうです。

「モエちゃん、ママがモエちゃんやハルちゃんを叱るのはね、いけないことしたモエちゃんがきらいだからじゃないんだよ。大好きだから、叱るんだよ。大好きで、大事だから、いけないことを止めるのはママの役目なの。大好きだから、仲良くしてほしいし、大好きだから、怪我したりしてほしくないの」

そう言ってあげたら、ぎゅうっと抱きついてきて、おいおい泣いてました。

（このときのおいおい泣きは、きっと、「悲しかった」を解放している涙と、「大好き」が伝わってきて嬉しかったおいおい泣き、のはず！）


……………………………………


そこを伝えてなかったから、モエちゃんは悲しくなったのでしょうが、そこを伝えるためにはまずお母さん自身が、そこに気づいている必要があったのですね。

よく感情的に怒るのと理性的に叱るのでは違う、と言われることがありますが、子どものことを思って真剣に叱れば、言い方に熱を帯びて、感情的になるのが自然です。

でも、無自覚に怒りをぶつける叱り方と、根っこにある大好き・大事を自覚しながら叱るのでは、一口に感情的にと言っても、叱り方がまるで違ってきますよね。威厳のある叱り方か威圧的な叱り方かの違い、心と心が結ばれる叱り方か離れる叱り方かの違い、と言ってもいいでしょう。


…… いろんなことを、今日は二人で話しました。

まだ3歳。でも、もう、立派に3歳。モエちゃんは、私がまじめに伝える様子を、しっかりと目を合わせて、聞いてくれて、「分かった」とうなずき、話し終わったら、安心したのか、あっという間に眠ってしまいました。

親子の絆って、ほんとうに強くて、子どもは親の様子をほんとうに敏感に察知している。

察知しているのなら、子どもだからとあなどらずに、ちゃんとこうして、私も真剣に向き合って、伝えてあげるべきなんだなあと、今日はつくづく思いました。こうして話して分かり合えた、という実感こそ、何よりの絆であり、幸せであり、宝だものね。

子どもと毎日を過ごしながら、親がまた改めて、自分の中にある、子どもの頃のことを思い出して、いろんなことに気づく。子どもを育てながら、親が自分自身の人生を生き直す……。

そんな一面が、子育てにはあるなあとつくづく思います。ときには産みの苦しみとも言える、辛かった気持ちとの対面もあるけれど、そこに向き合うことで、幸せへとまた一歩近づく。

……そんなことを実感している今日この頃です。

ほら、ね。「しつけを通じて親子の絆がますます強く結ばれていく、そんなおいしいやりとり」と「はじめに」で書きましたが、納得していただけましたか。

おおらかに・しなやかに・にこやかに

親心が大きくなるほどに、子どもを文字通り掌握できるようになります。聞き分けない子ども、泣いたり怒ったりしている子どもの心と体を、おおらかに包みこむことができるようになります。

また、この本を読んでしつけに大切な手札（アイテム）が身についてくると、心にゆとりが生まれますから、その時々の子どもの出方を受けてしなやかに対応を変えることもできるようになるでしょう。

また、子どもがダダをこねたり逆らったりするのは、親の自分を否定しているわけではなく、逆に頼りにしているのだ、助けを求めているのだ、甘えているのだ、と分かれば、たとえ子どもが聞き分けないときでもムキにならずに、ユーモアを交えてにこやかにつきあえるようになります。聞き分けないのもかわいい、泣いても怒ってもかわいい、納得して聞き分けたあとのりりしい顔つきもかわいい、とすべてがほほえましく思えるようになります。

すると、やみくもに怒ることもなくなりますし、それどころか、何と、叱る必要さえも少なくなります。親心が立たないと、かえって叱らなくてはならないことが多くなる。これは、大いなる逆説ですね。

やさしさに流れず、厳しさに過ぎず。

おおらかに・しなやかに・にこやかに。

子どもにとって、これほどうれしく、安心感をもたらすものはありません。しつけは愛。子どもが逆らうのは甘えなのです。

こんな私でも
大きくなれるのかしら…
ヨシ!!
大きくなるぞ!!
えっ
決意した時からもう大きくなってきてますよ。
ニコニコ
「魔法の子育てカウンセリング」も読んでみてね。

納得するしつけ②

気持ちに共感する

気持ちを分かってもらえるってうれしい

おとなになっても、気持ちに共感してもらえると、うれしいし、納得もしやすいですよね。聴いてほしい気持ちを話しているとき、

「私の気持ちを分かってくれる人がいる」

と思って元気が出たり、逆に、相手が善意からではあるけれども、つい意見や助言を差し挟むので、

「ただ共感をもって聴いてくれるだけでいいのに」

といらだったり、といった経験は、誰しもあるのではないでしょうか。

子どもならなおさらです。

子どもがダダをこねたり、逆らったりするときお母さんが、

「そう言いたいのだ」

「そうせずにはいられないのだ」

「そうやって私を頼りにしているのだ」

と共感してあげると、子どもはうれしくて、うれしくて、たまらなくなるでしょう。

次の体験談は、お母さんの共感が魔法のように子どもを動かした事例です。

夕方の5時過ぎにちょっと息子と近くの公園に行ったんですけど、5時半におじいちゃん、おばあちゃんたちと食事に行く約束をしていて、「ちょっと遊んだらごはん食べに行くから帰ろうね」と息子には言ってあったんですけど素直にすぐ帰ってくれるか不安でした。

案の定不安は的中して、5時25分頃息子に、「帰ろう。おじいちゃんたちとごはん食べに行くよ」と言っても、「やだ」と言って全然言うことを聞かず、次から次へ遊んでしまって、無理矢理抱いて帰ろうとしてもじたばたもがかれ、片方の手におもちゃを持ってる身としては、かかえきれず降ろしてしまい、「じゃ、ママ一人で帰っちゃうよ」と言って帰ろうとしても、もちろん「待って」とついてくるはずもなく、もう5時半になってしまってるし困ったなあと思っていました。

そのとき、「あっそうか！　息子の気持ちになればいいんだ」ということをふいに思い出して、息子に「ぼくはまだ帰りたくないよ」「もっと公園で遊んでたいよ」と言ったら、スーッと寄ってきて、「ママ帰ろ」と言ってくれました（もちろん「ママ帰ろ」とはまだしゃべれませんけど）。歩かせて帰る余裕もないので抱っこしておうちに帰ったのですけど、久しぶりに上手に息子の気持ちを理解してあげられたことがすごくうれしくて……。

ちょっと子どもの身になって物事を考えて、気持ちを代弁してあげればすんなりうまくいくのに、なかなかそれができずについつい自分の都合や気持ちばかり押しつけちゃっているんですよね。おとなでも子どもでも気持ちを分かってもらえるのって、とっても安心でうれしいことなのだということを改めて実感した出来事でした。

ママが、ボクの気持ちに共感しようとしてくれている！

この坊やにとって、何とうれしいことだったでしょう。ママの言うことを聞き分けないまま公園で遊んでいたことよりも、何倍も、何十倍もうれしかったことでしょうね。

もちろん、心から共感してあげさえすれば、ただそれだけで、いつでも、どんなときでも、子どもが自分から聞き分けてくれるというわけにはいきません。そのためにこそ、「納得するしつけ」の手立てを①から⑦まで紹介しようとしているのですからね。それにしても、子どもの気持ちに共感するというのは、いつでも、どんなときでも、しつけのやりとりの基本、子どもとつきあううえでの基本的なマナーです。

次に紹介するのは、お母さんがこれまでの子育てを振り返って、子どもの気持ちに共感を伝えたことで、子どもとの関係やしつけが一変した、という例です。

明るくて、やさしくて、元気に育っているのが自慢だった息子が、3歳も半ばを過ぎて、妹が1歳半になった頃から、いきなり豹変するとは。

カンシャク、ダダこね、夜泣き……、私がどれほど悩んでいたか、メールにはとても書ききれません。一度トライしたのですが、あまりに長くなりそうだったのであきらめました。

「子育てっていつ終わるんだろう。この子の将来はどうなるんだろう」

私は不安でたまりませんでした。

そんなとき、たまたま先生の本に出会いました。読んでいくうちに、自分の心と体が軽くなっていくのが分かりました。涙が出てきました。

夜中に読んでいたのですが、早く息子に私の気持ちを伝えたくてたまりませんでした。朝になって、子どもが起きてすぐに、

「今までつらかったね。よくがんばったね。あなたのことを、なかなか分かってあげられなくてごめんね」

と心から伝えました。すると息子は、

「ほんとは泣いているとき、ママに抱っこしてもらいたかったの」

と涙ぐんで答えてくれました。

そのとき久しぶりに、真の母と子の抱っこをさせてもらえました。

それからです。びっくりするくらい、明るくやさしい元気な息子に戻ったのです。

いや、一番変わったのは私だということが自分で分かります。

叱るときも、嬉しいのです。

「叱る＝この子に教えてあげるチャンスだ！」

とか思ったりしちゃうんです。

母としての自信を取り戻しました。子育てが楽しいです。こんな気持ちにさせていただいて、ほんとうにありがとうございました。

主人の両親と同居しているのですが、息子の反抗は家族中をよい方向に変えてくれました。

どんなふうにかは、これも長くなるのでやめておきますね……。

叱るときも、「叱る＝この子に教えてあげるチャンスだ！」と思って嬉しい、という境地にまでなっている、というのは相当のしつけの達人ですね。

坊やの反抗が家族中をよい方向に変えてくれたですって？　いったい、どんなふうに？

知りたい、知りたい。

ほんとうの願いと表面的なおねだり

先ほどの例で、子どもが公園でもっと遊んでいたい、とねだっていたとき、それがほんとうに願っていたことなのかどうかは、それがかなえられたとき、いかにも楽しそうに、いきいきと遊んでいるかどうかで分かります。その場合、子どもがおねだりしたことはほんとうの願いだった、ということになります。

子どものほんとうの願いだったら、できるかぎりその願いはかなえてやりたい、とは思いますよね。

でも、おじいちゃんたちとの約束があったので、そうしてあげるわけにはいきません。子どももそのことは分かっています。そして、公園で遊び続けることよりも、そのことの方が大切なことなのだということも分かっています。

だからといって、幼い子どもが自分から、大切な約束があるからもう帰ろう、と言いだすのはなかなか無理です。子どもが納得して帰宅を受け入れるように、親が導いてあげるしかありません。

子どもが何かを自分でしたいとか、いま熱中しているところなのでもう少し続けたいとか言い張るとき、それがしあわせな成長につながるほんとうの願いだと受け取れたら、できるだけかなえてあげたいし、それが無理な場合でも、そう言い張りたい気持ちには共感してあげたいですね。

無理だと言われて泣いたり怒ったりしたときにも、思い通りにならないので悔しいんだ、悲しいんだ、と共感することはできますね。

自分の気持ちを大切に受けとめてもらい、共感してもらうことほどうれしいことはありません。そのうれしさがあるからこそ、たとえ自分にとってほんとうに大切な願いであってもそれを手放して、しつけを受け入れる気持ちになるのです。

たとえば、こんな場面を想像してみてください。

お母さんが保育園に迎えに行ったら、坊やがはだしで遊んでいます。お母さんがどうして靴をはかないのと聞くと、

「泥の中をはだしで歩くと楽しいんだよ」

と、いかにも楽しそうに答えます。そろそろ帰ろうか、と誘うと、ウンと答えて、

足を洗って靴をはきます——。

こんな場合だったら、はだしになって遊ぶというのは、この子のほんとうの願いだった、と分かりますね。

でも、ときには、遊んでいてもちっとも楽しそうではないのに、帰るのイヤだ、と言い張ることもあります。こんな場合です。

お母さんが保育園に迎えに行ったら、坊やがはだしで遊んでいます。

「靴をはいて帰ろう」

と促すと、泣き叫んで、

「はくのはイヤだ」

と言い張ります。

「じゃ、いいよ。はだしで歩いて帰ろう」

とお母さんが折れたのですが、なおも激しく泣き続け、今度は、

「まだ帰りたくない」

とダダをこねます。それに取り合わずにいると、今度は、

「おんぶしてえ」

と言いだします——。

さて、この坊やの、最初のおねだりは、「靴をはきたくない」でしたね。でも、それがほんとうの願いではないことは歴然としています。だって、お母さんにはかなくてもいいよ、と認めてもらったのに、ちっとも満足そうではないからです。

それに続く、「まだ帰りたくない」「おんぶしてえ」も、いかにもとってつけたようで、ほんとうの願いとは思えません。

そのどれもがほんとうの願いではないにしても、

「うまく表現できないのだけれども、ほんとうの願いがあるんだよ」

と言わんばかりに、表面的なほしがりが次から次へとエスカレートしていきます。

では、この子のほんとうの願いは何だったのでしょう。

それは、これだけの様子からだけでは分かりません。

こんな様子が日々続いているのか、たまたまこの日だけに見られたのか、朝の出がけの様子はどうだったのか……などと振り返ってみると、見当がつくかもしれませんね。たとえば、友だちとけんかして負けたのが悔しい（たまたまこの日だけに見られた場合）とか、お母さんが近ごろ元気がないのが心配だ（こんな様子が日々続いてい

る場合）とか……。
　表面的なおねだりかほんとうの願いかどうかは、それがかなえられたときの様子で分かるのですが、慣れてくれば、かなえてあげるまでもなく見当がつくようになるでしょう。最近何だか落ち着かないな、元気がないな、……といった日頃の様子から分かることもありますし、こんなふうにおねだりするなんてこの子らしくない、という直感が役立つこともあります。
　たとえば、寝る前に絵本を読んでとせがむのですが、読んであげても絵本に集中せず、それでいてもう1冊、もう1冊とせがむようなときには、ほんとうに読んでほしいのかは怪しいぞ、と言えそうですね。

そんなときには、とにかくでたらめなおねだりの言いなりになることは止めて、しつけのやりとりをしながら、ほんとうの願いって何だろう、と思いをはせればいいわけです。もちろん、その願いを突きとめるまでは、しつけができない、ということではありません。ダメなものはダメですからね。

つい先日も、聞き分けが悪くて困っていますという3歳のお嬢ちゃんを相手に、聞き分けの課題として、

「仰向けになって、こちらがやってあげる体操を受け入れる」

というやりとりをしてみました。体操そのものに格別の意味があるわけではなく、「子どもにとって自分が何かをするように求められるわけではなく、ただ寝て、足を動かしてもらうのを受け入れるだけ」

という、最も易しい課題の一つであり、歯をみがいたり、食事をしたりするのと違って、相談室でもすぐに取り入れられる、というだけの理由でやっただけのことなのですが。

他の体操はすべて、慰めたり励ましたりしながら応じてもらえたのですが、膝を立てて股を開くという体操だけはガンとしてやらせてくれません。

「股を開くということで何か思い当たることは？」

とお母さんに聞くと、「そう言えば、２歳のとき、入院して泌尿器系の治療を受けたことがあります」と思い出してくださって、「いま思えば、ちょっとつらい治療でした。あのときは病気がよくなりますように、と必死に念じているだけで、子どもの身になってみることができなかった」とおっしゃったことから、親子の気持ちがつながり、聞き分けがよくなった、ということがありました。

このお嬢さんは入院治療したときのちょっと苦痛だった思いを分かってほしいという願いを引きずっていたのですが、それをすぐに言い当てるというのは簡単にできることではありません。でも、「何が」ということは分からなくても「何か」があったんだね、と思ってあげればいいのです。理由や原因を探すよりも、いまの気持ちに共感してあげることがまず大切です。

それだけで子どもはうれしいし、たとえどうしても分かってほしい大事なことなんだ、という場合であっても、親がそれに気づくまであきらめずに待っていてくれるはずです。あるいは、もっと表現上手になったら、自分から言葉で伝えてくれるかもしれませんね。

ですから、あまり本心から望んでいるようではなく、何かのお願いがあってそれがうまく伝えられないままダダをこねているんだ、と思われるようなときであっても、いまはそんなふうに自分を表現しているんだ、そういう形でしか私に甘えられないんだ、それがこの子にとってせいいっぱいの甘え方なんだ、と共感してあげることにしましょう。

「そんな遠回しの伝え方をしないで、どうしてほしいのかちゃんと言葉で伝えてよ」と言いたくなりますが、それができずに困っているわけですからね。

共感と聞き分けのやりとり

子どもが、心にもないおねだりを言い張り、それを受け入れるわけにはいかないときでも、そうやって言い張りたい、言い張らずにはいられない気持ちに共感することはできますね。それがほんとうの願いであれ表面的なおねだりであれ、そう言い張る

気持ちに共感することは、子どもの気持ちを受け取ってあげることになります。

すると、子どもとしては、受け取ってもらったことと引き換えに、遊び続けることを断念して、「家に帰ろうね」という親の言い聞かせを受け取ろうという気持ちになりやすい、というわけです。これは、一種の公平な、互いに納得のいく取り引きのようなものではないでしょうか。

自分の気持ちを大切に受けとめてもらい、共感してもらうことほどうれしいことはありません。そのうれしさがあるからこそ、自分にとってたとえほんとうに大切な思いであっても手放して、親の願いを受け入れる気持ちになるのです。

だから、子どもがブーブー文句を言いながら、あるいは泣きながらでも聞き分けてくれる、というのがむしろ理想的な姿なのです。

文句を言うばかりで聞き分けないでは困りますが、言いたい文句も言わず、泣きごとも言わずに聞き分ける、というのでは、しだいにストレスが溜まっていきますから無理があるのです。

幼い頃からずっと聞き分けがよく、おりこうだったのに、ある時期から急に聞き分けが悪くなったり、カンシャクが激しくなった、キレやすくなった、というのはよくある話ではありませんか。

お月様取って!!
無茶を言うな!
しいっ!!
取れたらいいねえ

納得するしつけ③

子どもの言い分を聞く

対等な立場で交渉する

しつけというのは、子どもの行動に対して、意味のある、大切な制限を設けることですが、その制限は、親の言い分の一方的な「おしつけ」であってはならない、とよく言われますね。子どもの言い分にも耳を傾け、なるほどそれもそうだ、と思えることは譲ってもいいし、互いの言い分と言い分をつき合わせているうちに、互いに納得できるステキな妥協案が見つかることもあるでしょう。

こんなふうに、親がいわゆる子どもあしらいをしないで、対等な立場で言い分に耳を傾けてくれ、対等な立場で交渉のやりとりをしてくれたら、子どもは自分を、大切な願いや望みを持った一個の人格として尊重されている、ということが実感できて、そのこと自体がうれしくなります。

また、こうして互いの言い分をぶつけあって交渉するというやりとりに慣れておくと、やがて子どもの社会に出てから、がむしゃらに我を張るのでなく、かといって引っ込み思案になるのでもなく、友だちと対等に仲良く交渉することにも役立つことでしょう。

子どもと交渉するとき、親としてはふつう、

①理由を説明する。

「おじいちゃん、おばあちゃんと一緒に食事をする約束をしているからね」

②無理でない譲歩をする。

「じゃ、あと十分だけね」

③代案を提示する。

「今日はこのまま帰って、明日また遊びに来ようよ」

といったことをしますね。でも、譲歩や代案がいき過ぎて、結果的には子どもの言いなりになってしまわないように気をつけましょう。

「おじいちゃん・おばあちゃんを待たせてしまうけど、もっと遊んでいたいのね。しかたがないわね」では譲歩のいき過ぎ。

「帰ったらおもちゃを買ってあげるから、どうか帰ってよ」では、代案のいき過ぎですね。

自己主張はなるべく尊重してやりたい

交渉によって互いに納得できる妥協に行きつくときもありますが、最終的にどうしても親の言い分を飲んでもらわなければならないときだってあります。また、ゆっくり交渉していられない事情のときだってあるでしょう。

相手の都合を尊重するということも、子どもに身につけてほしい大切な生活のルールの一つですから、「ママは今日はひどく疲れているので、外に遊びには行けないわ」と、一方的に聞き入れてもらうことがあってもいいのですよ。

ただ、子どもの正当な自己主張をなるべく尊重してあげよう、と心がけてはいたいですね。私たち親は、日々の暮らしにゆとりがないのでつい、

「見てはいられない」（子どもが試行錯誤をして遊んでいるのに、こうすればいいのよと教えたくなってしまう）

「聞いていられない」（子どもがたどたどしく懸命に話しているのに、じれったくな

って話の腰を折ってしまう

「待っていられない」（子どもが歩くペースがまだるっこいので、ぐんぐん手を引いて歩いてしまう）

といったことになりがちですからね。

自分でやろうとしている意欲を認めてやり、自分でやりたがっている気持ちをさりげなく手伝って、自分でできたという満足感を味わってもらえたらいいし、たとえ失敗したとしても、子どもは失敗することを通じても学ぶものですから、「だから言ったじゃないの」といったいやみは言わないことにしましょうか。

次の例では、お母さんと坊やが、習いごとの教室への経路をめぐって、行きは坊やがお母さんの言い分を受け入れ、帰りはお母さんが坊やの言い分をもっともだと受け入れた、というのが交渉の妥協点です。

その結果、その場面で互いに納得できただけでなく、日常的な親子の関係が好転した、といううれしい結末を迎えています。

……　前回先生のところから帰ってきてから、「ママ大好き」と言われてびっくり。

その翌日から続けて3日間大泣きがあり、それから非常によい方向へ変化しました。

スーパーへ出かけたとき、お子さまカレーを全種類買うとダダこねをはじめました。「きたー」という感じで、店内で大きく泣き叫び始めたので、すぐ外へ出ました。外で15分ほど「ほしいね。全部ほしいけど、ママは一つしか買えないよ」と言い聞かせることを繰り返して抱っこしました。

みんなじろじろ見ていましたががんばりました。とうとう私のことを受け入れて納得し、気持ちよく店内へ戻り、一つだけ自分で選ぶことができました。

そしてその次の日、また外でやりました。習いごとの英語へ出かけるのに雨降りだったので、家から近いバス停からバスに乗り、帰りもバスにしようということにしました。それはなかなかちゃんと歩かない子どもを連れて出かけるのに一番よい方法で、私の都合上でした。

行きはすんなりとバスに乗り、帰りもまたバス停へ行こうとしたら、子どもがどうしても「電車に乗る」と言い出して聞きません。そこで雨の中、これも10分ほどやりとりが始まりました。

しかし、その主張はどうしても譲れない様子。私の方も自分の都合でバスに乗ろうとしているので、今回は子どもの意見を通して電車で帰るということにしました。

そのかわり大雨なので駅から家まで「抱っこして」と言わないでちゃんと歩くように約束しました。いざ駅に着くとやっぱり「抱っこ」と言いましたが、「電車に乗るなら最後まで歩く約束だったよね」と言うと、わりとすんなり歩き始め、家まで着くことができました。

そのことから子どものようすががらりと変化し、外出時に「抱っこ」と言わなくなりました。それからとても明るくなり、おしゃべりになり、楽しそうになり、私との関係も大変よくなりました。「～しようね」と言うと、大きな声で「ハーイ、分かったぁ」と言うようになったのです。

英語教室からの帰り道、バスで帰るというのは、なかなか歩こうとしない坊やを前提とした案だったわけですが、坊やがあくまでも電車で帰りたいと言い張ったのは、坊やとしては、なかなか歩こうとしない自分をお母さんに励ましてもらって、立派に

歩いて帰りたかったからだったのでしょうね。

内から外への法則

このお子さんのように、スーパーのようなところでダダをこねられると、どうしても人目が気になりますね。地べたに寝転びでもされたらなおさらです。

そんなとき、周囲の目は必ずしも好意的ではありませんよね。それというのも、残念ながら多くの人にとって、カンシャクを起こしても起こされても、あまり満足のいくいい思い出がないからではないでしょうか。

ですから、人目が気になるようなところでは、さっさと抱き上げて、子どもの泣き声に調子を合わせながら、

「お子さまカレーがぜーんぶ買いたい」

「でも、買えない、買えない」

「ホイサ、ホイサ」

などと明るく景気をつけながら、人気のないところまでさっさと運んで行ってしまうにかぎります。

ふだん家で、こうしたやりとりを満喫できると、外では派手にやらなくなり、聞き分けがよくなりますよ。家で満足のいくやりとりをしてもらえないと、ダダこねが家の外へとエスカレートしていくのです。いわば「内から外への法則」です。

だから
もっと
あそんで
いたい
あそぶ
かえる
なるほど…
しかし…

納得するしつけ④

手を添えて導く

しつけのスキンシップ

子どもと楽しく遊ぶときとか、大好きや安心を伝えるとき、手を添え、体をふれあわせます。スキンシップという和製英語ができているほどですから、誰もが知っていますね。

悲しんだり、落ち込んでいる子どもをヨシヨシするときにも、手を握ったり、抱きしめたりしますよね。

ところで、しつけのやりとりの場合にも、必要なときにちょうど必要なだけ、子どもに手を添え、体をふれあわせて、止めたり誘ったりすると、しつけを納得して受け入れやすくなるのです。言ってみれば、しつけのスキンシップ。

ほら、子どもに言うことを聞いてほしいとき、私たちはつい、子どもと離れたところから声をかけて、子どもを動かそうとしますね。

ところが、聞いているのか、聞いていないのか、子どもがすぐに動いてくれないことがままあります。

すると、私たちとしてはがっかりしてあきらめるか、イライラをエスカレートさせて声を荒げるか、ということになるでしょう。

でも、おとなだって、どうしようかと迷っているとき、ポンと背中を押してほしいときってありますよね。

子どもだったら、なおさらのこと。

繰り返し言ってきたように、子どもの心の中では、

「言うことを聞かなきゃ」

という向上心と、

「でも、……」

という未練の気持ちとが争っています。

親が声をかけても知らんぷり、というときには、言うことを聞かなきゃという気持ちよりも、未練の気持ちの方が上回っているのです。

ところが、そこでちょっと手を添えて誘ってやると、言うことを聞かなきゃ、という方の気持ちに上乗せされますから、意外なほど簡単に、

「うん、分かった」

ということになりやすいのです。

ちょっと手を添えて誘うだけで、「こんなにも違うものか」と実感できますから、手を貸してやることを惜しまないでくださいね。

ポイントは、

「必要なとき、ちょうど必要なだけ」

必要なとき、というのは分かりますね。声をかけるだけで気持ちが届くなら、もちろんそれでいいのです。

必要なだけ、というのは、たとえば遊んでいるおもちゃを片付けてほしいとき、こうです。声をかけてちょっと待ってあげてから、頃合いを見て、声をかけながら背中に手を当てる、それだけで「うん、分かった」になるならそれでよし。

でも、それだけではなかなか動きださないようなら、おもちゃを子どもの手に持たせて誘う、というところまでしなくてはならないかもしれません。そして、子どもがその気になって動きだしたら、添える手を手首から肘へ、肘から肩へ、というように少しずつ引いていくことができます。

子どもがその気になっているというのに、必要以上に手を貸すことはないわけですし、逆に手の添え方が足りなければ、子どもは挫折してしまいます。ちょうどぴったり必要なだけ、というのが理想的です。

もっとも、いつもいつも、ちょうどぴったりになどできるはずがありませんから、ただそう心がけていけばいいだけのことですよ。

もう一つのポイントは、強引に力ずくで、というのでもなく、及び腰でおずおずと、というのでもなく、子どもの気持ちを包みこむようなおおらかな手で、しっかりと掌握してやることです。

子どもの気持ちというのは、自分のやりたいことをやりたいようにやりたいという気持ちもあれば、親の言うことも聞きたいという気持ちもあり、おにいさん・おねえさんらしくふるまいたいという気持ちもあり、でもちょっとオックウだなという気持ちもあり……でしたね。そんな気持ちをすべて、

「分かるよ、その気持ち」

と包みこんで共感しながら、

手を添えて
導く・いろいろ
おもちゃ

「でも、こうしようね」

「いやいや言いたい気持ちも聴くからね」

と誘って導きます。

未練の気持ちをぶつけてくる

ところが、子どもに手を添えることで、むしろヤダヤダが始まることもあります。

それは、どうしてなのでしょうか。

それはね、親に手を添えてもらって、互いにふれあうと、子どもとしては、

「元々やりたいと思っていたけれども一人ではできなかったことが、親の手に励まされて実行しやすくなる」

だけでなく、

「元々解き放ち、聴いてほしかったのにできなかった気持ちが、ふれあうことで誘わ

れて表現しやすくなる」

ということなのです。

グチをこぼしやすくなる、と言ってもいいですね。

それというのも、体にふれてもらうと気持ちが表現しやすくなる、というステキなカラクリがあるからです。

聞き分けたい気持ちと、すぐには聞き分けたくない気持ち、という葛藤している二つの気持ちのどちらもが、ふれられることで励まされ、誘われて、活気づくのです。

そこで、すぐには聞き分けたくない気持ちの方がそれほど強くなければ、聞き分けたい気持ちの方が励まされて、「うん、分かった」になりやすくなります。

でも、すぐには聞き分けたくない気持ちの方が強ければ、親の手とふれあうことで誘われて、「ヤダ、ヤダ」の訴えが始まります。

声に出して「ヤダ、ヤダ」を言うかもしれませんが、握った手を振り切ろうとしたりして体でも表現してきますから、そこで振り切られてしまわないで、しっかり握りしめたまま、

子「ヤダ、ヤダ」

親「やだ、やだ」

子「ヤダ、ヤダ」

親「よし、よし」

とリズムを合わせて共感しながら、おおらかに、しなやかに、相づちを打ってあげればいいのです。もちろん、体で甘えているだけのことですから、ムキにならずに、オロオロしないで、にこやかにやりとりを楽しみましょう。

すると、声と体でヤダヤダを言い、その気持ちを親に受け取ってもらったことで、子どもは満足して、
親「でも、やろう」

子「うん、分かった」

と納得します。

すぐにはそこまではいかなくても、

「ま、いいか」

「しかたない、やるか」

くらいの納得にはいくはずです。

五分と五分の引き合い

ふれることで親は、

「親としてこうしてほしい」

という励ましの気持ちや、

「でも、おまえは、すんなりとはそうする気持ちにはなれないんだよね」

という共感の気持ちを伝えます。

それに対して子どもは、

「そうなの。こういう気持ちなの」

という気持ちを、体で親に伝えます。

これは、一種の会話ですが、ときには言葉よりも雄弁な、説得力のある会話になります。子どもが言葉でイヤイヤを言い、言葉でいやだねと返してもらうだけのときよりも、握られた手を振り切るようにして体でイヤイヤを言い、その手を振り切られず

に握り続けて、体でいやだねと共感してもらった方が、はるかに納得がいきやすいのです。

会話ですから、手を握ったり背中を押したりする力が強すぎると、一方的な問答無用の表現となって、子どもに親の気持ちを受け取ってもらいにくくなりますが、逆に弱すぎたり、手を振り払われてしまうと、頼りないなあと思われてしまいます。

基本的には五分と五分の力で誘ったり止めたりしてあげるのですが、「いやなんだね」と共感するときは四分と六分になったり、「でも、こうしようね」と誘うときは六分と四分になったり、というように引き合い方、張り合い方が、まるでアコーデオンでも弾くような感じで、気持ちのやりとりに応じておのずと変化するのも会話なればこそです。

手を添える位置や添え方を工夫して、脱臼など起こさないように注意してくださいね。

泣きだしたときのスキンシップ

ときには、それがきっかけで、泣きだしたりかんしゃくを起こしたりすることもありますから、そのときには、やはり抱きしめるなり手を握るなりと、またしてもしつけのスキンシップをして、

「よし、よし」

と慰めてやればよいのです。

いつか保育園に講演に行ったときのこと。夜の8時に講演が終わって、めいめい別

室で待っていた子どもを連れて家に帰る場面で、2歳くらいの坊やが、別の部屋に行ってしまったり、机の下にもぐったりして、なかなか帰ろうとしません。ママは、もっと遊んでいたいのだろうと思ってか、やさしくそれを見守っています。でも、こんなに遅くなってようやくママと会えたのだから、もっとママに甘えに行ってもいいところです。

他の子どもたちが全員帰ってしまったので、ようやく外に出ました。すると今度は、ママとは手をつながず、ママが誘ってもすぐにその手を振り切って、あっちに行ったりこっちに行ったりしています。

見るに見かねて、私が手を差し伸べたら、少しもいやがらずに手をつないでスタスタ歩き続けます。まるで、

「ママ、見て、見て。ほんとは、こうしてママと歩きたいんだよ」

と言わんばかりです。

ママと代わって、ママがしっかり手をつないでいたら、少し手を振り切ろうとしてイヤイヤをしていました。

その動きがおさまって親子仲良く歩いていく姿を見送っていたら、やがて、手をつ

ないだままかわいく泣きだしました。
いったいどんな気持ちを甘えたのでしょうか。ずっとママに会えなかったさびしさでしょうか。それとも、日頃ちょっと甘え下手になっていた坊やが、ようやく甘えられて、ただ泣いて甘えたい気持ちがあふれただけなのでしょうか。

先輩ママの体験談

相談室に何回か通ってきて、三人の子育てにすっかり自信を深めたあるママですが、手を添えて導くしつけのやりとりをどんなふうにしているか、体験談を紹介しましょう。

…………

たまたま上の二人の子どもが祖父母のところに泊まりに行ったときのこと。
三人の子どもが一人になるときは何でもとっても余裕が出てくる。時間も気持ちもとてもゆとりがあっていい感じ。当然残った一人には、相談室で学んだ〝癒しの時〟をちょこちょこ日常に取り入れてあげられる。時間も気持ちもたっぷりと。

ここ最近の第三子（1歳）のダダこねの一番は「歯みがき」。きっとこれは困っているママさんは多いのではないかと思う。

「さあ、歯みがきしよう！」と誘うとまずは逃げる。それを遊びの感覚で追いかける。「捕まえた～」と軽くハグして一度また逃がす。それを追いかけて「捕まえた～」とハグしてみる。体に力が少し抜けたかなと思う頃に体を横にさせて自分の股の間に誘っていく。まだまだ体が抵抗しているから今度は体をシーソーのように支えながら寝かせたり起こしたりして「歯みがきイヤだ～（子どもの気持ち）、でも歯みがきしよう～（ママの気持ち）」を繰り返して、子どもが反発する力に抵抗したり従ったりしてみる。体を横にした頃から泣き始めているけど私はニコニコ笑顔で遊んでいるかのようにしている。

たった歯みがきだけのことだけど子どもは日常のストレス全般をこのときに私にぶつけてきているから、時間のない朝はいつも通りの状態で事を運ぶけど時間がある夜は〝たった歯みがきだけ〟のことにじっくりつきあってみる。そのうち泣きながらでも口を開けてじっとしていてくれる。

そんなやりとりのあった次の朝は、保育園に行くことをとても嫌がった。「あ～いつもこれだけ嫌な思いをがんばっていてくれたんだ」と思えたので園の玄関先で充分「嫌だ」の気持ちにつきあってあげて、しばらくした所で先生の所へ連れて行くとすんなり先生に身を預けて私にバイバイをしてくれた。その顔はまだ涙で濡れていたけどしっかりと私の顔を見て「いってらっしゃい」と言ってくれている感じだった。

私はまた子どもに〝ママ〟に成長させてもらったのです。

1年生になってようやく言えた

先日もあるパパから、妙に落ち着かない3歳の坊やを抱っこしたら、もがいていや

がっているので放したら、

「パパ、放さないで」

と言われてしまった、と苦笑して話すのを聞いたばかりです。

我が子をこよなく愛している私たち親が、子どもがこうしたいと望んでいることを自由にやらせてあげたい、子どもがいやがることは無理強いしたくない、と思うのは当然です。

でも、その気持ちがかえってわざわいして、

「いやと言うけど、止めてね」

「いやがるけど、いやじゃないんだよ」

というのがほんとうの願いの場合であってもつい、見せかけのいやを真に受けてしまいがちですね。この3歳の坊やのように、あきらめずに伝えてくれると助かるのですが。

相談に来たのがきっかけとなって、訴え上手を取り戻したおかげで、小学1年生になってようやくお願いの気持ちを親に伝えられた、という例を紹介しましょう。

先生のところに伺ったときは、正直を申して少し不安がありました。

「トオルは、もう6歳なので、もしかして、失敗して、とても傷つけることになるのではないか？」

こんな気持ちをかかえたまま先生にお会いしました。先生に言っていただいたように、私はトオルに対して気持ちが前向きでなく、トオルのカンシャクや言葉をどこか怖がっていたのかもしれません。私はあなたの母親なんだから！という強い気持ちが持てず、自信を失いかけていたのです。

でも、これではいけない、私はいままでトオルにとってよい母親ではなかったかもしれないけど、とても大切に、大事に育ててきたのだから、トオルの母として自信を持ってぶつかっていってもいいのだと思いました。

そして昨日、朝起きるのをいやがり、無理やり起こそうとしたらカンシャクが始まったので、体を押さえやってみたのですが、時間もなかったので　中途半端に終わってしまい、そのまま学校へ行きました。

学校から帰り、とても楽しそうに友達5～6人と家で遊び、夕方5時過ぎに1人の子を送りに、私は2歳の妹を自転車に乗せ、トオルと友達は歩きで友達の家へ行きました。

その帰り道、あと30メートルぐらいの所で、

「トオルも自転車に乗せてくれ！」

とダダをこね始めました。私が、

「あと少しだからがんばって歩こうね」

と言っても、もうすごい反発をしてきました。それでもごまかしながら家まで着き、玄関に入るとものすごい勢いで泣きわめき始めました。私はトオルを抱きしめるというよりも押さえつけるといった状態で、30分ぐらい続きました。

トオルは、

「放せ！　バカヤロー！　このバカ女！　あっちへ行け……」

などものすごい状態が続き、

「もういいよ、やめてくれ、放してくれー」

と言われ、少し自信を失いかけてきたのですが、（ここでやめたらまた同じことだ！　先生を信じて泣き疲れるまでがんばろう）と思いました。

幸い近所が離れているので、周りにあまり気を使わなくてよかったので、と

ことんやってみようと心に言い聞かせ、

「何がもういいのよ～！」

と私も聞いてみると、

「自転車に乗せてくれなくてずるい」

と泣きさけぶので、

「ごめんね、妹だけ乗せてトオルを乗せなかったから？」ときくと、

「そうだ！　ずるい、ずるい」

と大泣きをしました。

少し落ちついたかなと思ったのですが、やはり「放せ～」と繰り返すので、少し放してみると、2階に上がっていこうとするのです。

それを何回も繰り返し、それでもあきらめずに、押さえつけるように抱きかかえると今度は、

「いつもみたいにしろ～」

と何度も叫ぶので、私もはっとして、思い出しました。

そう言えば、3歳頃からカンシャクを起こしたとき、逃げて行くトオルを放

っておいた私がいたのです。

(そうか、あのとき受け止めてほしかったんだね!)

そう思い、トオルにその気持ちを話すと少し落ち着きました。一緒にお風呂に入ろうと誘ったのですが、疲れたらしく寝たいというので、抱っこして寝かせると、すぐに寝てしまいました。

その後、起きたときは、何となくすっきりしたトオルに見えました。

その日はあまり変わっていないかな? と思ったのですが、今日学校から帰ってきて、とてもトオルが私にべったりしてくるのです。どうしちゃったの? っていうくらい抱っこをしてきたり、素直に話してくれたりするのです。何かとてもうれしくなり先生にご報告をと思いお手紙を書きました。

……………………………………

「いつもみたいにしろ~」は、「いつも放っておかれていやだったよ」だったのですね。

素直に気持ちを伝えられなくなると、「放っといて」というすねた構えができてしまうので、親としてはついそれを真に受けてしまいますよね。日頃から訴え上手な子どもに育てることを心がけていきましょう。

おむつを替えるときは立ち上がらせずに寝かせたまま替えるとか、危ない道路では手をつないで振り切られずに歩く、など簡単な聞き分けを誘うスキンシップを重ねていき、自分の気持ちの訴え上手・親の気持ちの受け取り上手になっていくと、しだいに、いちいち手を添えなくても、言葉のやりとりだけでも聞き分けてくれるようになっていくでしょう。

でも、くれぐれも、また必要になったときには、そのとき必要なだけの聞き分けを誘うスキンシップを惜しまないでくださいね。

そのやりとりの中で、悔しいとか悲しいといった気持ちが溢れてきたときの慰めのスキンシップも大切に。

親子が気持ちを一つにして、しつけの課題を達成したときの、喜びのスキンシップも忘れずにね。

ママ、ボクに負けないで!!
むむむ…
聞き分け線

納得するしつけ⑤

泣いたらヨシヨシする

泣き上手を誘う

子どもに手を添えて導いているうちに泣きだしたら、泣きたい気持ちに共感しながら、おおらかな気持ちでヨシヨシしてやればいいのです。自分の思うようにならない悔しさ・悲しさを泣いて解き放って、ヨシヨシと慰めてもらうと、泣くということがもたらす自然治癒力が働きます。心の傷が癒されて元気を取り戻し、しつけを受け入れられるようになるのです。

でも、何十年か前から「泣かせない子育て」が日本中に広がって、いまの若いお父さん・お母さん自体が幼いときから、泣かせない子育ての風潮の中で育ってきていますから、

「泣いて、ヨシヨシしてもらって、落ち着いて泣きやむ」

というやりとりが軌道に乗らずに、子どもが泣き下手のまま、しつけの時期を迎える、ということもしばしば起こることです。

泣いたら負けと言われた戦時中、飢えと闘った戦後、会社と会社・個人と個人の競争が激しくなった高度成長期を経てくる中で、泣いてはいられないおとなの生き方が子育てに反映したのが泣かせない子育てです。

理想的には、泣いて、ヨシヨシしてもらって、落ち着いて泣きやむ、という泣き上手なところでしつけの時期を迎えられるとよいのです。

泣き上手は、訴え上手・表現上手の原点ですからね。

泣き上手を誘うことの大切さは、とくに断乳のときに問題になります。本来「やすらぎのおっぱい」のはずのものが、現実には、泣き下手になった子どもにとっての「まぎらしのおっぱい」になっていることがままあるので、断乳によって泣きの歯止めとなっていたおっぱいがなくなると、それまで泣かずにこらえていた気持ちが噴き出てくるわ、「おっぱいバイバイ、いやだ」と泣きたい気持ちが溢れてくるわで、大変な騒ぎになってしまうことがよくあるのです。

そんなときにはまず、おっぱいは飲みたいときに飲む、泣きたいときにはおっぱいでまぎらさないで泣く、というけじめをつけてから断乳を迎える、という二段構えで臨むとうまくいきやすいですよ。

でも、一般的には、しつけのやりとりを利用して、少しずつ泣き上手を誘いながら、少しずつしつけを進める、というのが現実のベストになるでしょう。

歯みがきで泣く

もうすぐ2歳になるという坊やのお母さんから、

「子どもはたぶん泣き叫びいやがりますが、お母さんの股のあいだに寝かせて動けないようにして、毎日続けてやっているうちにあきらめて泣かなくなります」

と1歳半健診で教えてもらって歯みがきを始めたものの、それからの毎日が歯みがきをめぐる親と子の闘いになってしまい、ついには、それまでおとなしくやらせてくれていたシャンプーまでも泣くようになってしまった、という相談がありました。泣きすぎて吐いてしまうほどの大泣きの歯みがきが毎日、5か月以上も続いたそうなのです。

返事を差し上げてから、お母さんはさっそく試してみたものの、初日はあえなく挫折。それから意を決してふたたび挑戦すると、やっぱり大泣き、大暴れが続いたものの、数日たってから少しずつ、歯みがきをさせてくれるようになったそうです。以前は、お母さんが歯ブラシを持っているのを見ただけで泣きながら逃げていた坊やが、やがては、「歯みがきするよ」と言うと自分からお母さんの膝に横になり、あーんと大きく口を開けるようになったというのです。

手を添え体で張り合っての励まし、という点では、健診のときに受けた指導と変わらないはずですが、どこが違っていたのでしょう。

そもそもお母さんは、妊娠中に大きな心配ごとを抱えて、毎日暗い日々を過ごし、ときには全身が震えるほどの体験をしたことがあったので、生まれてきた坊やの成長に影響がなかったかどうか、ずっと気がかりだったそうです。そんなお母さんの様子に、坊やもきっと心を痛めていたことでしょう。

ですから、手を添えて歯みがきを励ますこと自体、けっして間違ってはいなかったのですが、この子には誰にも増して、

「子どもの気持ちに共感しながら励ます」

ということが大切だったのですね。

また、それまできっと、親子共々気持ちにふたをするのが習慣になってしまってい
て、相手を心配している気持ちを伝え合わずにきたのでしょうから、お子さんの泣き上手（泣いて、ヨシヨシしてもらって、落ち着いて泣きやむ）を少しずつ誘いながら、少しずつ歯みがきを進めたらいいのです。泣き下手になっている心の歯止めを一気に外そうと焦ると、歯止めが外れてすぎて、泣くのは上手になったものの、なかなか泣きやまない、ということになっても困りますからね。それには、

①まずは歯ブラシを見せて、子どもが泣いたらヨシヨシしてなだめて、歯ブラシを見るのを子どもが納得して受け入れたらその日は終わり。

②次には、歯ブラシを少し近づけて、子どもが泣いたらヨシヨシしてなだめて、歯ブラシが近づくのを子どもが納得して受け入れたらその日は終わり。

③次には、歯ブラシを口の近くまで持っていき、

④歯ブラシを唇にふれ、

⑤前歯にちょっとふれ、

……

と、少しずつ泣き上手を誘い、少しずつ歯みがきの納得を得ていったらいいのです。

泣き下手になっていて、泣きだすとき息を止めるようになってしまう子どもの場合は、くれぐれも細心の注意を払って泣き上手を誘っていってくださいね。また、泣こうか泣くまいかの葛藤の中でよく吐いてしまう子どもにも、吐いたものが気管に入らないように気をつけてあげて……できることなら親子で相談に来ていただくと、一緒に泣き下手を克服するお手伝いができるのですが。

さて、先ほどのお母さんは坊やを抱っこして、むりやり歯みがきをしたことを心から謝り、また、シャンプーをする理由を心をこめて話すと、もちろんちょっとは泣きましたが、そのあとで「シャンプーする」と自分から言いだしたそうです。

それにしても、お母さんが何よりも深く感じたことは、歯みがきやシャンプーのことよりも、坊やに対するお母さんの愛情が、そしてたぶん坊やのお母さんに対する愛情も、以前にも増して強くなったことだ、とおっしゃっています。


…………

それは、心が通じ合えたということでしょうか。それまで見えなかった子どもの心が、少しずつですが見えてきたような気がします。まだまだ未熟ですが……。ほんとうのところ、子どもより私の方がずっとずっと未熟です。子どもは親をしあわせにしてあげたいと思っているのですね。

お母さんが、「子どもより私の方が未熟」と謙遜なさっているのは、坊やがずっとお母さんのことを心配していた気持ちにふれて感動したからなのでしょう。

「イヤ」と聴くか「イヤと言いたい」と聴くか

子どもが泣いて訴えるのを聴くとき、子どものイヤイヤを、「イヤ」と聴くか「イヤと言いたい」と聴くかでは、大きな違いがあります。

イヤイヤを真に受けて、子どもの心の中がイヤイヤでいっぱいなのだと思ってしまうと、子どもがかわいそうになったり、あるいは逆に、こんなことでいつまでわがままを言っているのだろうと腹が立ったりしてしまいますね。すると、子どもとしては、親にグチがこぼしにくくなってしまいます。

でも、ただ「イヤ」と言ってグチをこぼしたいのだ、グチをこぼしながら未練を断ち切ろうとしているのだと分かれば、子どもがいじらしく思えて、

「いいよ、いいよ。いくらでもイヤと言っていいよ、聴いてあげるよ」

と言えるようになるでしょう。

笑って乗り越える

泣いてヨシヨシしてもらうと未練の気持ちを乗り越えやすいのですが、そうすることがいつでも必要なわけではありません。逆説のようですが、気持ちに共感してもらいながら泣き上手に育った子どもほどむしろ、泣かずにがんばったり、泣くこと以外の手段（笑ったり話したり）で納得しやすくなるのです。

54ページに登場したモエちゃんが幼稚園の3年保育に通うことになりました。お母

さんは、

（半年以上も前からあんなにいやだいやだと泣いていたから、慣れるまですごく大変だろうな、朝行く前とか、幼稚園での別れ際にすごく泣くだろうな。そうしたらしっかり慰めてやろう）

と覚悟をしていたのですが、いざ始まってみると、まるで肩透かしをくらってしまいました。

家では、「行きたくないなあ」とか、入園早々「早く夏休みにならないかな」とか言っているのですが、いざ行くときになると、

「モエちゃん、ママと別れるの寂しいけどがんばってくるよ」

と言って、幼稚園へ送っていっても、照れ笑いして、さっさと教室に行きます。

お母さんは、これでいいのかしら、我慢し過ぎていないかなあ、と思いながらも、

「この子は、がんばるところとがんばらないところを、しっかり使い分けているんだなあ」

と感じたりもしています。

また、いまでは泣いて発散というよりも、お母さんと大はしゃぎ、大笑いして発散

していることも増えてきたそうです。

こうした例を紹介したからといって、泣かないようになることが望ましいことだ、ということではありませんよ。泣くという自然治癒力の働きは、大きくなっても、おとなになってからさえも、捨て去ることはありませんからね。

それにしても、笑いやユーモアは、しつけにとっての最高の道具です。『魔法の子育てカウンセリング』（カンゼン刊）でも紹介しましたが、歯みがきをいやがって「ヨッちゃん、みがかない！」と言い張る2歳のヨッちゃんを相手に、お母さんがヨッちゃんの体の動きと声の調子にリズムを合わせて、
母「ヨッちゃん、みがこう！」

子「ヨッちゃん、みがかない！」

母「ヨッちゃん、かわいい！」

子「ヨッちゃん、みがかない！」

とやりとりをしているうちに、やがてヨッちゃんが笑いを我慢しているような顔になり、ついにはケラケラ笑いだして、とても楽しくしあわせな遊びになりました。

お母さんが感激のあまり、歯をみがかせることを忘れていると、ヨッちゃんの方か

ら「歯、みがこう！」と洗面台に向かったのです。

言葉で気持ちを伝える

幼稚園の年中さんの男の子が、1月の半ば頃から変なまばたきをするようになりました。園では、近づいた発表会の練習を熱心にしているし、変わったことはないということでした。

ところが、いよいよ発表会の前日、いつになくぐずぐずモードで聞き分けもなかったので、抱きしめてああだこうだと言っているうち、どうも発表会のことだけは話したがりません。何かあったのか聞くと、

「オレ、本当は狼役やりたくなかった」

と言います。

発表会で「赤ずきんちゃんのオペレッタ」をやることになって、その役決めをした

とき、本人は狩人の役をやりたかったのに、手を挙げるタイミングを間違えてしまったそうなのです。

こんなふうに、気持ちを話してくれたら、親としたらうれしいし、力にもなりやすいですよね。

母「そうか、そりゃ悔しかったなあ。じゃあさ、せっかく明日発表会なんだし、いまお母さん聞くから、〝狩人やりたかったよー、くそーっ〟て言っちゃいな、すっきりするかもよ」

子「か……か……」

子「そんなの言えねーよっっ」

母「か・り・う・ど」

子「狩人、やりたかった!!」

言ったあとのはればれとした顔は忘れられません。

翌日、無事に狼役をやりきって、誇らしげな長男に感動しました。まばたきも治っちゃいました。

ほんとうの気持ちを大声で叫ぶというのも、大はしゃぎ、大笑いに通じる解放のしかたですね。

泣くことで気持ちを上手に伝えられるようになり、叫んだり、笑ったりして気持ちを表現できるようになった子どもは、大きくなるにしたがって、言葉でも気持ちを伝えられるようになり、園や学校でこんなことがあったよ、などと話してくれるようになるでしょう。親に泣いて伝えることが、言葉を使って伝えることの原点だからです。

カンシャクとのつきあい方

やりたいのに能力が伴わないのでうまくできない。やりたいことを親に止められてしまってできない。だからと言って、まだまだ待ったが効かない。

しかも、その悔しさをぴったり言葉で表現するのもまだ得意じゃない——。

その挫折感情を、一歳半から三歳頃までの自立期の子どもたちは、カンシャクという形で爆発させます。こぶしを握りしめ、顔を真っ赤にして、金切り声で叫び、大声で泣き、涙をこぼし、地だんだを踏み、あるいは地べたに寝ころんで手足をばたつかせます。この気持ちはただ声を出して泣くだけでは収まりがつかない、とばかりに全身で表現します。

自立期を過ぎると、待つ力も身につき、気持ちを言葉で話したり、穏やかに泣いて伝えることもできるようになる、というのが理想ですが、この時期に達成すべき課題をうまく達成しきらないまま、その時期を過ぎても尾を引く、というのもよくあることです。泣かせない子育てによって感情を抑制するクセが身についてしまうと、なおさらです。

よく言われる「キレる」というのも、カンシャクと同じもの。最近はキレる老人まで増えてきたそうですから、キレる親がいてもおかしくありません。

もしあなたが時々カンシャクを起こして子どもに当たっている親だとしたら、おめでとう。子どもがカンシャクを起こす心理がよく分かるので、

「私たち、仲間ね。一緒にカンシャクを卒業していきましょうね」

と共感し合えることでしょう。

子どもがカンシャクを起こすとどう対応していいか分からないばかりに、子どもに「正しいノー」をしっかりと伝えることにためらってしまう、というのはよく聞く話ですが、でもだいじょうぶ。子どもがカンシャクを起こすカラクリと、対処の仕方を知っていれば、お互いの納得のいくように事を運ぶことができますからね。

自立に向けて教習中の子どもは、何かにつけてお手上げ状態になり、自分でしっかり立っていられなくなって倒れてしまうのです。

カンシャクのさなかにいる子どもは、

「自分ではどうにもならなくなっちゃったよ、助けてよ」

と叫んでいるようなものです。

そのことが分かれば、親の役割は明らかですね。

そう。倒れかかっている子どもの自立心がしゃんと立ち直れるように支えてやることです。

子どもによって、また場合によっては、ほほえましく眺めている（まなざしと声かけによって抱きしめている）だけで、ひとしきりカンシャクを味わい尽くしてから自

分で元気に立ち直ることもできます。

でも、多くの子どもは文字通り抱きとめてもらって、悔しさを親の体にこすりつけるようにして拭い取ってもらって、ようやく元気に立ち直ります。

ところが、運転手が倒れかかっているときというのは、いじけていると言うか、やけっぱちになっているか、ほんとうは助けてほしいくせに、いざ手を差し伸べると、

「放っといてよ」

とばかりに、その手を払いのけようとするのです。でも、

「放っといてよ、と言うけど、放っとかないでね」

というのがむしろ本心です。もちろん、

それを真に受けて、抱きとめている手を放したからといって、それで喜ぶはずはありません。

カンシャクというのは、思い通りにならない未練を断ち切るグチのようなものですから、カンシャクを味わい尽くすと、本来の自分を取り戻して聞き分けやすくなります。

カンシャクを味わい尽くしたあとで、「いま泣いたカラスがもう笑った」とばかりに、かわいい笑顔に戻るようならしめたもの。でも、必ずしも笑顔になって聞き分けるところまで待たなくても、カンシャクがおさまって泣きながら聞き分ける、ということでもいいのですからね。

ついさっきまで天使だったのに、などと言われたりもしますが、いいえ、カンシャクを起こしているあいだも、子どもは相変わらず天使ですよ。ただカンシャクとどうつきあってあげたらいいか分からずに困っていると、ほほえましく眺めているわけにいかなくなるだけのこと。

わたしって
イヤイヤ
しながら
おりこうに
するのが
すきなの
ワー
パチパチパチ
ぼくも！
わたしもよ！

納得するしつけ⑥

愛着という土台を築く

しつけの基礎は赤ちゃんから

しつけが本格的に始まるのは赤ちゃん期を過ぎてからですが、しつけの土台は誕生のときから築かれていきます。なぜかと言うと、赤ちゃんのうちから親子の絆がしっかり結ばれていると、もっと大きくなってからのしつけがスムーズにいくからです。それというのも、大好きでたまらない、信頼している親の言うことは、自然に従おうという気になるのです。

もちろん、大好きでたまらない、信頼している親だからこそ安心して、逆らい、感情をぶつけて、親子の葛藤場面を生みだす、という面もあるのですけどね。だからと言ってそのことは、親子の絆がしっかり結ばれているとしつけがスムーズにいく、ということと矛盾しているわけではありません。安心して思いきり気持ちをぶつけたあとで、すっきりした納得を味わえるからだ、ということはもうお分かりですよね。

ですから、絆が弱くなっているところに気づいたら、いったんその修復をしてから、またしつけに戻ったらいいのです。

親としては愛情を無尽蔵に蓄えてスタンバイしているので、子どもには当然愛情が伝わっているものとつい油断してしまいがちですが、せっかく貯蔵されているガソリンも、車に補給されないことには話になりませんものね。

甘え上手な子どもは、自分から寄ってきて、自分でさっさとガソリンを入れていきますが、子どもによっては、親の方から出かけて行って補給してあげたらいい場合があります。保育経験の豊かな本吉圓子《もとよしまとこ》先生は、著書『あふれるまで愛をそそぐ6歳までの子育て』（カンゼン刊）の中で、親の愛がしっかり伝わって満ち足りると、子どもはおのずから立派に育っていく、とおっしゃっています。そして、大切なことは、親の都合でかわいがるのでなく、子どもがその時々に求める「小さな望み」（親がいま、その手ですぐにでもできるほどの小さな、でも、その子どもにとってはとても大事な望み）にきちんと本気で応えてあげることだと述べ、それに応えることで子どもが立ち直っていった実例をいろいろ紹介なさっているので、ぜひ一読を勧めます。

ところで、愛着という土台がちょっともろくなっていることに気づいたら一歩戻っていいのだ、と言いましたが、どうか誤解をしないでくださいね。

それは、いつでも必ず、断乳とかしつけをいったん中止して、ということではないのです。そう考えてしまうと、しつけをするのをひるんでしまうでしょう?

親がしつけのやりとりそのものをひるんでしまうと、子どもは立派なおにいさん・おねえさんになれずにがっかりしてしまいます。そうではなく、

「愛着の弱いところを修復することでしつけが楽になる」ことと、

「しつけのやりとりを生かして同時に愛着も深めていく」ことと、

その二方向のバランスを考えながらしつけをするつもりになればいいのです。

ここでは、断乳・卒乳を例にして、失敗してかえってよかった、という例をいくつか紹介しましょう。「失敗してかえってよかった」というのは、そのおかげで、愛着の絆を深め直すことに戻ることができ、結局は断乳・卒乳そのものもうまくいくようになる、という意味です。

子どもがもう大きくなっていて、断乳・卒乳はとっくに済んでいるという方も、これはあくまでもしつけの一例だと思って、いまお子さんが直面しているテーマに置き換えて読んでくださいね。

断乳に「失敗」してよかった

三人きょうだいの末の坊やの断乳「失敗」談です。

このお母さんは坊やにとって、やすらぎのおっぱいというよりは、まぎらしのおっぱいになっているのではないか、と感じられたのでした。

それというのも、末の坊やが、朝起きれば着替えはしたくない、二女を送って帰ってこようとすると外で遊びたい、中に入りたくないと、何から何まで素直に事が運びません。お母さんもこういうわけだからこうしてね、と話して出方を待っても言うことは聞いてくれないので、イライラ……。何が原因かさっぱり分からず、最後の切り札のおっぱいで終わり。そこで、断乳さえしてしまえばなにもかもうまくいく、おっぱい＝歯止めさえなくなれば何とかなる、という考えになっていたそうです。

そこでGW明け前に、

「もう今日でおっぱいおしまい！」

と断乳宣言をしたのですが坊やは納得せず、おっぱいに絵をかいて見せてもダメ。いつまでたってもおっぱいを求めて泣きます。もちろんどの子も、おっぱいバイバイを納得はしていても、いざとなれば未練心を訴えて泣きます。でも、この坊やの場合、「何か違う。まだ息子にはおっぱい必要なんだ。育児書には1歳を過ぎてしっかり歩けるようになれば断乳ＯＫと書いてあったが、この子にはおっぱいが心のよりどころなんだ」

と、お母さんは感じました。そこで「おっぱい飲む？」と聞くと、ほんとうにうれしそうに飲みました。

お母さんとしては春休み中に断乳する予定でしたが、坊やが察したのか中耳炎になり、治りかけには水ぼうそうになってしまって、のびのびになっていたのだそうです。ちょうどこの春には、長女の入学と二女の入園が重なっていたそうですから、坊やの断乳にじっくり取り組む状態ではなかったのかもしれません。

お母さんは小学校時代にあまりよい思い出がなくて、集団登校の上級生がこわかったり、おとなしい子だったのでなかなか友だちがいなくてさみしい思いをしていたので、自分と似たタイプの長女なので自分と同じになったらかわいそうだ、と心配だったそうです。

はたして、式の次の日、長女は死んだようなボーッとした顔で帰ってきました。お母さんはとくに何をするでもなく、ただ長女に合わせて過ごし、ちょうど土日をはさむことになったのでゆっくりさせ、お母さん自身もまた自分の幼いときのさみしかった思いにやさしくひたっているうちに、気持ちがふっきれました。次の週には、長女もニコニコして帰ってくるようになりました。それからしばらくして、GWを迎えての坊やの断乳だったのです。

あー、断乳をやめてよかった……。おっぱいを飲ませながらつくづく思いました。

息子は息子なりにさみしかったのだろうな。おっぱいを飲むときだけが私を独占できるときだというのに、息子がおっぱいを飲んでいても、私は息子の顔を見るというより、おねえちゃんたちと話したり新聞を読んでいたり……。これじゃさみしいですよね。

その日からは求めてきたらおっぱいをやり、また、いままでのことをあやまりました。

そうしたら、朝はちゃんと着替えてくれるし、エプロンをして食事をしてくれるし、「今日は寒いから、外で遊ばないで家にいようね」と言っても、「外行くー」とは言い張らないのです。おねえちゃんたちは外にいるというのにですよ……。


相変わらず甘えんぼうでベタベタしてくるけど、前のような苦しい感じはありません。話せば分かってくれます。

ホントに、ホントに！　子どもはお母さんに「愛されている」実感がないとダメなんですね。私も「大好きだよ」と口では言っていましたし、事実愛していることはたしかなのですが、心や目が本人からそれていたことに気づきませんでした。

断乳には失敗し、そのおかげでつらい思いもしたけど、おっぱいのおかげでいろいろ気づいてよかった。おっぱいさえやめれば何とかなる、とおっぱいのせいにしていたけど、息子にしてみればいろいろな思いがあって、おっぱいなしには落ち着かなかったのですね。

こうして、いったん断乳をやめ、親子の絆を結び直してから、断乳を迎えるのにふさわしい時期がふたたび来るはずです。

次の例では、断乳と取り組みながら、お母さんが子どもの身になって共感したり、子どもの訴え上手を取り戻したり、お母さん自身の思い残しの根っこに気づいたりという、しつけの土台の修復作業をすることができました。

断乳2日目の夜に

このお母さんは、坊やが1歳3か月のときに断乳しました。坊やには、3歳のお兄さんがいます。

……

断乳1日目（土曜日）、昼間は保育園なのでだいじょうぶでしたが、夜になって寝つきの30分ほど号泣してから眠りました。いつも夜中の1時と朝の4時に授乳していたのですが、はたして夜中1時に目をさまして号泣。

暴れる暴れる。体を反り返し、私を叩いたり蹴ったり、とても泣きやみません。私は私で、パジャマがおっぱいで濡れてしまい、おっぱいのにおいもプンプン。これじゃあ我慢しろっていうのもかわいそうだなと思い、そのときはあげてしまいました。

そして二日目（日曜日）も、30分ほど号泣してから眠りにつき、夜中1時にまたもや号泣とともに暴れ、なかなか泣きやみません。

お母さんは、桶谷式の母乳育児相談所の先生のアドバイス通り、

「おっぱい飲みたいよね、つらいね、がんばっているね」

など、息子の気持ちに共感する言葉を伝え続けましたが、全然効き目がありませんでした。

念のために申し上げておきますが、この先生のアドバイスはけっして間違ってはいませんし、このお母さんが引き続き自力で成し遂げたことも、基本的にはこのアドバ

イスの精神に従って行われたものだ、と私は感じています。

でも、とにかく泣きやまないものですからお母さんは、

「まだやめるの早いのかなあ、もっと先に延ばそうかなあ」

と思いながら、今日もおっぱいあげようとしたそのときに、ふと私の本で読んだことを思い出して、何か子どもの心にわだかまっているものがあるのではないか、それを代弁してみよう、と思い立ちました。

そこで試しにと、

「おっぱいやめるって、お母さんが勝手に決めていやだった？」

「お母さんがトイレに長い時間こもって、おっぱい絞っていたのを待っているのがさびしかった？」

「昼間こけたのが痛かった？　もっとさすってほしかった？」

などと思いつくかぎりを言ってみましたが、まるで反応がありません。そのとき、ふとひらめいたことがありました。

「男の子だって分かったときお母さんがガッカリしたのが悲しかった？」

その瞬間、あんなに激しく泣いて、暴れていたのが、嘘のようにおとなしくなりました。私は本当にびっくりしてもう一度、

「お母さんが女の子がほしいって思っていたのに、自分が男の子だったから、お母さん僕でいいのかなって思っていたの?」

と聞いたら、私にしがみついてきました。そして泣き方が変わって、シクシク泣き始めました。


「ほんとうに、そうなの!……そんなことがあるの?」

と半信半疑になりながらも、泣きやんだのは事実なので、そのまま続けてみました。

「お母さんは、たしかに女の子がほしかったから、男の子だって分かったときガッカリしたよ。でも、実際生まれてきてくれてMの顔見たら、やっぱりMがよかったと思ったよ。男の子のMがよかったよ」

シクシクからかぼそいフエ~ンへと、泣き方がまた変わりました。

「3人目がほしいって言っているのがイヤだったの? 女の子がほしいから、

自分はいらないんだ、と思ったの？」

と聞いたらまた少し反応。

「お母さんは3人目も、男の子でも女の子でもいいと思っているんだよ。女の子がほしいからじゃなくて子どもがほしいから生みたいなと思っているんだよ。Mは男の子でよかったたし、とてもかわいく大事に思っているんだよ」

と言うと、泣き声にだんだん寝息が混じるようになりました。

でも、あともう一息という感じ。

「『お父さんとお母さんの大事な大事なMくん、ゆっくりおやすみ』って、Mも言ってほしかった？」

（これは兄が生まれたときから、兄には毎晩欠かさず寝る前に言っている言葉だったのですが、寝つかせるタイミング上、弟のMには言ったことがありませんでした）

そう私が言ったら、安心したような顔をしてすうすうと寝てしまいました。

もちろんおっぱいなしで！

いつもはおっぱいを飲んだ後で、私と反対を向いて、布団からはみ出して遠くで寝ていたMが、昨夜は私の方を向き、寄り添うように寝ていました。そのまま朝までぐっすり寝ました。

主人は横で見ていて、私が何を話していたかは聞こえなかったけど、大暴れしていたMが急に泣きやんですうっと寝たのでビックリした、と言っていました。

偶然かもしれませんが、私は胸がいっぱいになりました。こんなことがほんとうにあるなんて。Mがそんなふうに不安に思っていて、それをおっぱいで何とか解消していたのかなと考えると涙が出てきました。

ふしぎなもので、まだ何も分からないと思われがちな赤ちゃんが、女の子じゃないことが分かって一瞬ガッカリしたママの気持ちを感じ取って、「女の子じゃないボクでよかったのかな」という疑念を、心の片隅に残してしまったのですね。

しかも、そのときというのは、まだ胎内にいたとき。なぜなら、そのガッカリは、生まれてきたMちゃんを見てたちまち消えてしまったのですから。

とは言っても、おとなと違いますから、

「ママがこういうことを思っていたんだよな」

とはっきり理解し、鮮明に覚えているわけではありません。心の中に、自分でも気づかないほどの、モヤモヤしたわだかまりとして残っていただけだったのでしょう。それにしても、そのわだかまりをおっぱいでまぎらしていた、そのため、普通なら母乳育児相談所の先生のアドバイスに従って乗り越えられたかもしれない断乳のプロセスがひどく難航したのでしょう。

でも、そのおかげで、ママがMちゃんに何かわだかまりがあるのかもしれないと気づくことにつながって、めでたしめでたしの結末を迎えたわけです。

その翌日から、寝る際10分ほど泣くものの暴れるほどではなく、すんなり寝つくようになりました、と知らせていただきました。

こんな体験談を読んだからといって、うちの子も何か大きなわだかまりを抱えていたらどうしよう、それを代弁して突きとめる自信なんてないわ（実際やってみてもうまくいかなかったわ）などと不安になることはありませんからね。

かりにこのママが、男の子だって分かったときガッカリしたことをすっかり忘れていたり（事実、それほど深刻なガッカリではなかったのですから、忘れてしまってもふしぎはないのですが)、「お父さんとお母さんの大事な大事な……」の語りかけのことに気づかなかったとしたら、事態は解決されないままだったでしょうか? いいえ、けっしてそんなことはありません。親の心と子の心とはいろんな形で結び直される余地を残していますから、だいじょうぶ。

たとえば、

「Mちゃんは何か、ママに分かってほしいわだかまりがあるんだね。いくら考えてもいまは、何がというのが分からないんだよ。でも、何かあるんだ、ということは分かったよ」

ということで納得してくれるかもしれないし、

「何がというのをどうしても分かってほしかったら、あきらめずに訴え続けてちょうだい。ママも考え続けるからね」

と付け加えることで納得してくれるかもしれません。あるいは、

「ママは分かってあげられないよう。悲しいよう」

と泣きだしたとたんに、

「ママ、そんなにまで思ってくれなくても……」

ともらい泣きをして、心がなごむかもしれません。

大切なのは、子どもを子どもあしらいせずに、一個の人間として子どもの心を大切にする、という親の気持ちです。

それはともかくとして、このママは、

「いつもはおっぱいを飲んだ後で、私と反対を向いて、布団からはみ出して遠くで寝ていた」

というしぐさで表現していた、子どもの心のわだかまりを解きほぐして、親子の絆を結び直す、というところまで立ち戻ることで、断乳を乗り越えることができたのですね。

断乳がいやだと泣く

これは、「泣きたいときには泣く」という、愛着の土台を築くうえで何よりも大切な営みを回復しながら断乳を乗り越えていった体験例です。

断乳する2か月ほど前に相談にいらっしゃったのですが、お母さんが相談室で初めてお嬢ちゃんに断乳の話をしたとき、相談スタッフ（私の家内でしたが）が、

「おっぱいやめるのいやだよ」

と、お嬢ちゃんの気持ちを代弁して語りかけると、そのたびに、語りかけに呼応するかのように、大声で、お母さんいわく「全身全霊で」泣きました。


芳子先生が何度も、「おっぱいやめるのいやだよ」という言葉をかけてくださるたびに、娘の泣きの激しさは、とどまることがないかのごとく、本当に本当によく泣きました。その娘の姿を見て、娘にとって、このおっぱいが、どんなに大事なものであるか、そう、実感としてつかみとることができました。

「そうか、娘は、おっぱいのことを、そんなに大事に思っていたんだ！」

と。

へその緒を切ることも、おっぱいを断つことも、おとなの私にとっては、それほど大きなことではなく、気にしなければ、無造作にやってしまえるものな

のですが、赤ちゃんや子どもの側に立って、そのことをどう受け止め感じているかを、感じ味わうと、本当に気づかなかった子どもの気持ちに、ハッと目が覚めるような思いで出会うことになるのですね。

子どもにとっておっぱいがこれほど大事なものだったのだとお母さんが実感することは、断乳を乗り越えていくための親の共感を呼び起こすうえで大切です。

でも、それがあまりに強くなりすぎて、かわいそうで、かわいそうで、たまらない、というところまで行ってしまってもいけませんけどね。

それほど大事なものであっても、その思いを乗り越えていこうとする気持ちと力を持っていることを、お母さんに納得してもらわなくてはなりません。

そこで、泣くのが少しおさまりかけたところで相談スタッフは、

「おっぱいにバイバイするのいやだけど、大好きなお母さんが言うことだし、バイバイしてもいいかな」

「おっぱいにバイバイしても、お母さんはどこにも行かないよ。おっぱいもどこにも行かないよ。おっぱいを見たってさわったっていいんだよ」

「おっぱいにバイバイする日をいま決めていいかな」

と語りかけました。

そのときの娘はもう、「イヤだ！　イヤだ！」という感じではなく、泣きながらもどこかで、そのことを受容しているような気がしました。そして、泣き終えたあとの、娘のすがすがしい表情！

そして、その日をさかいに一皮むけたように、娘の表情がすっきりしたような気がしました。このことが、私が断乳に向かう、大きな支えとなり、確信となりました。

そして、いよいよ、断乳の日。

10日ほど前からちらほら、「おっぱいバイバイしていいかな」と聞いたり、カレンダーを見ながら、「この日が来たらおっぱいバイバイしてもいいかな」と問いかけたり。娘は「いいよ」と明るい返事。カレンダーを見て指さし、「おっぱいバイバイ」と自分で手を振ったりして、あまりの明るさに、どこまで分かっているのか疑わしい感じでした。

それでも、芳子先生がしてくださったことを思い出して、娘の気持ちを代弁するように、「おっぱいやめたらいややねんよね」と言うと、やはり前と同じように大声で泣き始めました。

でも、泣きながらも、決して、それまでのように、私の服をさぐりあげておっぱいに吸いつこうとはしませんでした。そして、やがて泣きがおさまると、「おっぱいほちい！」という言葉が、「お茶ほちい！」に変わりました。

それから一週間は、食事が終わった後のおっぱいや、夜寝る前のおっぱいの時間になると、よく泣きました。

阿部先生が、こんなときは泣いて当然、泣かない方がかえって心配なんだよ、と教えてくださったことで、娘の泣きにつきあえたんだと思います。もし先生に出会っていなければ、そして、このことを聞かされていなければ、娘の泣く姿にうろたえ、いらだち、そして、「ああ、これは断乳の日を間違えたのだ」と思って、ひるんでいたように思います。そして何より、娘の本音にふれることができなかったと思います。

泣いて泣いて、大泣きする娘を見て、「つらいよ、お母さん！」と、私に本音をぶつけてくれることがうれしくて、「ああよかった」と思いました。それは、娘が「自分の本音はここにあるんだ」と泣きながら確かめているような気がして、そして、「お母さんなら私の本音分かってくれる」と私を信頼してくれているような気がして。


その最後の、泣いているお嬢さんの姿を見て、「自分の本音はここにあるんだ」と確かめているような気がした、とお母さんがおっしゃっているのには深いわけがありました。

それというのも、お母さんがこれまで生い立ちの中で抱えてきた悩みの根源は、自分で自分の本音が何なのかを見失ってしまったことにある、と思われたからなのです。

そして、その答えが、「娘を授かり、育てさせてもらう中で、また、こうして先生に出会えたおかげで、少しずつ見えてきた気がします」とおっしゃいます。

「心の傷」は本音がストレートに訴えられなくなったことから起きる。体験自体が辛いのではなく、それにまつわる思いを閉じこめてしまっているから辛い。泣きたい気持ちに歯止めをかけることから心の問題は起きる、と先生に教えてもらえたおかげで、その大泣きする娘から逃げ出さず、向き合える自分になれたことの喜びはひとしおです。

「大きな声で泣いていいいよ。泣いて、ちゃんと自分のほんとうの気持ちがどこにあるのか、自分のありかを確かめてね。そして、お母さんには、ちゃんとほんとうの気持ちをぶつけてね」

と娘に祈る思いです。そしてその祈りがかなえられるような私自身であるために、私も自分のほんとうの気持ちに少しずつ、出会っていけるように、と思います。

哺乳瓶にちゃんとさよなら

次の例は、哺乳瓶からの卒業式のやりなおしの例です。

「オミズブブが赤ちゃんの国に行っちゃったよ!!」

と大泣きして寝ない日々が数週間続き、あまりにつらそうだったので、ちゃんとさようならを言っていなかったのかもしれない、心の準備ができていないまま卒乳させてしまったかもしれない、と思ったお母さんが、

「急にいなくなっちゃったかな? さよならをしてなかったのかな?」と聞くと、「うんうん」と言い、「さよなら言いたいから一度戻ってきてもらおうかな?」と聞くとまた、「うんうん」とうなずいたそうです。

……………

そこで、哺乳瓶ににっこりマークを書きまして、

「こんばんは。泣いているんだってね。会いに戻ってきたよ。元気にしてるか

なあ！」

と渡しましたら、顔がパーッと輝きました。

（ほんとうに輝くのですね。「ああ、つらかったんだな」と再度思いました）

「オミズ入れて！」

と渡しますので、入れてやりました。

それは嬉しそうにチュチュチュチュチュと吸いました。でもすぐに、もういいんだというふうに、テーブルに置いて遊び始めたので、私の方が、えっ、もういいの？？？という思いでした。

「もういいの？」

「うん」

「哺乳瓶さん、赤ちゃんの国に帰るよ？」

「うん」

「さよならしたのかな？」

「バイバイ」

あっけないほどのさようならで、元気に遊んでおりました。

30分くらいして、自分が置いた場所にふと戻ってきて、哺乳瓶がないのに気がついたのですが、「ないんだな」というふうでまた遊びを続けていました。そばで見ていた私には、その様子は、哺乳瓶がいなくなってしまったことをSが受け入れているように見えました。

その夜からは、オミズブブ！と言って泣くこともなくなり、きっぱりと卒乳しました。すでに3か月あまりが経ちましたが、ときおり「哺乳瓶さん帰っちゃったね……」とは言うものの、大騒ぎして泣くことはなく、おしゃぶりで寝つけるようになりました。

そして、

「ぼく赤ちゃんじゃないんだもの！」

「ぼくおにいちゃんになっちゃったんだもの！」

と言っては、色々とチャレンジしている毎日です。毎日、ずーっと話をして、歌っています。

啐啄《そったく》同時

おっぱいは（ミルクでも同じことですが）赤ちゃんにとって大切な栄養ですから、やすらぎ（心の栄養）にもなる反面、同時に、何か大切な思いをお母さんに訴えられずにいるとき、それをまぎらす手段にもなりやすいのですね。

ちなみに、断乳と言い卒乳とも言いますが、断乳とは、赤ちゃんの思いには頓着なしに親が勝手に授乳を中断するという意味ではなく、親と子で思いを一つにしておっぱいバイバイを断行する、という意味でなくてはなりません。

同様に、卒乳もまた、子どもがひとりでにおっぱいを卒業していくもの、というよりは、学校でしかるべき時期に卒業式というのがあるように、親と子で思いを一つにして卒業の儀式に臨んでバイバイしていくものだ、と考えたらどうでしょうか。

そう考えれば、断乳と言い卒乳と言っても、その意味に大差はないということになります。

啐啄同時という言葉がありますね。

卵からヒナが殻を破って生まれようとするとき、ヒナが内側から殻をつつくのを啐《そつ》と言い、外から親鳥がつつくのを啄《たく》と言い、そのタイミングがぴったり合うと、ヒナは無事に生まれてくる、という意味で啐啄同時と言うそうですが、やはりタイミングをとらえて親が卒乳を誘う、ということが大切ではないかと思っています。

でも、やはり自分は、子どもが自分から離れるまで授乳を続けさせてやりたい、と思う人は、

①おっぱいは飲みたいときに飲む。

②おっぱいをまぎらしにせず、泣きたいときは泣く。

③愛着の絆をはぐくむ。

という3か条を心がけていたらいいのではないでしょうか。

また、おっぱいにへのへのもへじのような絵を描いて断乳をする人がいますが、絵でこわがらせることが目的なのだと勘違いしないでくださいね。これは、桶谷式の断乳で使われている手続きの一つですが、それはあくまでも卒業式での厳粛な儀式としての意味合いが込められているはずです。桶谷そとみ先生は、絵を見て納得して断乳

を受け入れて、りりしく成長していく子どもの姿に「自然の摂理」を感じる、とおっしゃっています。

大切なのは、子どもがどのように断乳を受け入れていくか、です。

その一大事業を支えるのは、おっぱいに別れを告げて、おにいさん・おねえさんになっていこうとする子どものいじらしさに共感しながら、一緒になって乗り越えていこうとする親の気持ちです。それさえあれば、絵を描くかどうかは二の次になるのです。

阿部小学校

納得するしつけ⑦

親自身を大切にする

子は根っからの親思い

私たち親は、生い立ちの中でさまざまな思い残しや育ち残しを引きずったまま親になっています。だからといって、自分を責めることでもないし、他人から非難されることでもないのですが、そのために自分のいらだちを子どもにぶつけたり、自己否定の感情を子どもに映してしまったら、つまりませんね。

親が本来の自分を取り戻していくと、しつけをめぐる親子の関わりがてきめんにスムーズにいくようになります。まさに、マジック・パワーと呼びたいほどですが、親と子の絆の強さを考えれば、マジックでも何でもないのかもしれません。

よく、私のことはどうなってもいい、子どもさえ元気になってくれれば、とおっしゃる方がいますが、それでは子どもは納得がいきません。もちろんいろんなことがあっての人生ですから、そう心がけさえすれば即しあわせルンルンになる、というわけにはいきませんが、

「お母さんはお母さんで、自分の人生を大切にして生きていくからね、まかせておいてちょうだい」

という前向きの気持ちになったことが感じられさえすれば、子どもは納得して自分の人生を歩んでいこうとすることでしょう。

まずは『魔法の子育てカウンセリング』（カンゼン刊）を読んでいただいたらと思いますが、さしあたって、ご自身を大切にする時間を取ることを心がける、などということはすぐにでもできますね。

「この私がステキ。いじらしい」

「私ってダメじゃないよ。せいいっぱいやってきたんだもの」

などと、心から自分に言い聞かせたらいいですね。

すると、

「そんなことはない。私ってダメだよ。ステキじゃない」

といった異論が声を上げますから、その気持ちに対しても、

「よし、よし。そういう気持ちにもなるよね」

とほほえみかけたらいいのです。

散歩したり、大空を見上げたり、瞑想したり、仲良しのママ友達を見つけたり、レンタル・ビデオを利用したり、読書や音楽を楽しんだり、自己否定や苦しい気持ちをそのまま天にゆだねたり……そうやって親が自分を大切にしようとしているのを見ると、根っからの親思いである子どもはほっと安心します。

思い残しの気持ちと向き合う

イライラ、抑鬱、自己否定、自責、不確実な感じ……どんな気持ちもやさしくもてなしてあげたらいいのですが、とくに大切にしたい、それなのにややもすれば悪者扱いされているのが怒りの感情です。

怒りとは、困ってしまったり、さびしかったり、くやしかったり……といったもろもろの気持ちが募りに募って、自分でもどうしようもないほどになって激しく噴き出したときの感情です。ほんとうは子どもとは直接関係のない、親自身の中の感情なの

ですが、「誰か助けてよ」と叫ばずにはいられないほどの感情なので、つい子どもとか連れ合いとかに八つ当たりしてしまいますよね。

誰かにぶつけずにはいられない怒りの背後に、困ってしまったり、さびしかったり、くやしかったり……などの感情が「誰か助けて」と叫ばずにはいられなくなったほどの激しさになっており、さらにその根っこには、その人にとってかけがえのないステキな気持ちが隠れている、という三層構造になっていることに気づくことができると、また違った世界がひらけることでしょう。

怒りは自分自身の気持ちですが、そこで

踏みとどまれずに、そこから誰かへの八つ当たりにいってしまうか。それとも、怒りを怒りとして味わい、怒りの根っこにある大切な気持ちに気づく方向へいくか。

そこが大事な分かれ目。

子どもにすぐ怒りをぶつけてしまうと悩んでいるお母さんに、「それほどの怒りがあるならば、ここでその怒りを表現したらいいですよ」と誘いました。

それというのも、怒りを怒りとして味わうとは言っても、一人で味わうよりは、最初のうちは、相手の手のひらを借りて押したり叩いたりなどして、誰かに聞いてもらう方が表現しやすいのです。

そもそも、誰かに聞いてもらいたいからこそ、誰かへの八つ当たりになってしまうのですよね。

でも、そのお母さんは、そうあらたまって誘われても、まるで気持ちを表現することができません。

「幼いとき酒を飲んでは母に怒っていた父の姿が思い出されて、怒る気になれない」ということでした。

「あなたは幼いとき、お父さんの怒った姿を見ていませんよ」

と私は言いました。

「え？」

とお母さん。

「あなたが見ていたのは、お父さんがお母さんに八つ当たりをしている姿だったでしょう？　お父さんはちゃんと怒れてはいなかったでしょう？」

「ああ、そうか」

と、そこでようやく、怒りと八つ当たりの違いを納得してくれました。

そのあとで、色鉛筆を使ったなぐり描きに誘ったら、今度は気分よく怒りを表現することができ、子どもに八つ当たりをしない子育てへの見通しを持つことができました。

あるお母さんは、お母さんたちの癒しのつどいから帰宅後、新築して間もない家の障子に坊やがボールを投げつけているのを見て怒りが湧いてきました。

ところが、つい先刻癒しのつどいで、「怒りが体のどこにあるか感じてみる」という実習をしたばかりだったのを思い出して試してみたら、おへその上のあたりがポーッと熱くなり、それが大きくなっていき、その瞬間、息子を抱き寄せていました。

細かい気持ちの変化（過程）は分かりませんでしたが、怒りの裏にある気持ちってこういうこと！ なのでしょうか。

ルンルン気分になりました。


あなたもぜひ試してみてくださいね。子どもを叩いてしまったら、叩いた手を子どもの体からそのままじっと離さずに当てておいて、どんな気持ちになるかを感じてみる、という方法もあります。子どもへの怒りとはまるで違った気持ちと出会うはずですから、その気持ちを味わえばよいのです。

苦しい気持ちがなぜ、激しい怒りになるまでに蓄積されてしまうかと言えば、私たちの多くは気持ちをそのつど感じて味わうということが、生い立ちの中でひどく下手になっているからです。そしてそれは、何度も言うように、「泣かせない子育て」の広まりとも関係があります。

ですから、イライラしたり、つい子どもに八つ当たりをしてしまうことで、自分を責めることはありません。でも、少しずつ、少しずつ、自分の気持ちに翻弄されてしまわないように、おとなな心を立てていきましょうね。

「スーネーチャン」を慈しむ

私たちの多くは、気持ちを感じたそのつど味わうことなく、しまいこんでしまう。ほんとうは、身近な人に訴えたいのに、歯止めをかけてしまう。意志の力でそうするというよりは、ほとんど無意識のうちにそうしてしまう。

そんな状態を「すねている」とか、「つっぱっている」とか、「いじけている」とか呼んでもいいですね。

私の相談室ではからずも、根深いところにある幼いときからの「すねている気持ち」をご自身でいたわったのがきっかけで、娘のダダこねと楽しくつきあえるようになっ

たお母さんの体験記を紹介しましょう。54ページと121ページと2回にわたってステキな体験談を披露してくださったモエちゃんのママです。

母親代わりになった家内が「おいで」と呼んでも、幼い気持ちに浸っているママはすねて行こうとしません。でも、手を取ってじんわり誘うと、「いやだ、いやだ」とダダをこね始めることができました。

芳子先生に手を引かれて、
秀雄先生に後ろから押されて、
それでも「いやだいやだ、行きたくない」と言ってしまった私、
こんな私がいたんだと、初めて気づ

きました。
あの時は、とても苦しくて苦しくて、本当にぼたぼたと涙が落ちて、もうこのまま潰れてしまいたいと思ったけれど、
でも、引っ張ってくださった手は、離してほしくなかったです。
苦しかったけど、今日も思い出すと胸がきゅっとなるけれど、
でも、苦しくてもあのときは幸せでした。
ああして、過去の苦しかったとき、悲しかったとき、
たとえ叱ってでも、私を引っ張り上げてくれる手があったら、
ほんとうに嬉しかったろうと、思いました。
「だからね、ありがとう、スーネーチャン」
この一言が言えるようになれればなあ……。
すねずには生きてこれなかった、
でも、すねてる私は、かわいくない。すねるのは、苦しい。
そんな気持ちも、あるんでしょうねえ。

スーネーチャンというのは、

「すねてきた私はかわいくない」

と言い張るママに、

「すねることで、どうにか子ども時代を生き延びてきたんだもの、感謝しなきゃ。すねていた幼い自分がいわば長女、娘たちは次女・三女くらいの気持ちになって、まずは『スーネーチャン』を慈しんであげたらいいのですよ」

と私が言ったのを受けての言葉です。

そして、その日帰宅すると、

今日は、モエちゃんは、もう本当にダダっ子でした。

そのたびに、捕まえて、ぎゅうっとして、そうするとモエちゃんは笑って、またダダをこねる……。

（ときには笑わずに、本気で怒ったりも……）

でも、いつもよりもそのやりとりを楽しめる私でした。

しつけは親と子の共同作業です

しつけとはトランプ遊びのようなものか

実際のしつけの場面では、これまで紹介してきた「納得するしつけ」のいろんな手立てを織り込みながら展開します。親が子どもに一方的に働きかけるのでもなく、いわんや親が子どもの言いなりになってしまうのでもなく、親子それぞれの言い分を互いに、代わりばんこに突き合わせっこしての展開です。

基本的には親が責任を負いながらも、子どもの向上心を信じて、親と子が五分と五分で渡り合い、互いに納得のいく到達点を見つけていくプロセス。言い換えれば、「しつけとは、親が主導権を発揮しながらも、親と子の共同作業でうまくいく！」

そのプロセスは、あらかじめ決まっているわけではなく、自分がこう働きかけてみたら相手がこう応じてきた、それを受けて自分はこうしてみた、といった互いのやりとりの中でおのずと展開していきます。

そのやりとりは、まるで、相手がどんなカードを出すのかを見極めながら、互いにカードを一枚ずつ出し合うトランプのゲームを楽しんでいるかのようです。「そっちがそう出るなら、こっちはこうするぞ」という、誘ったりダダをこねたり、泣いたり笑ったりのやりとりです。言い換えれば、

「しつけとは、互いの持ち札を出し合いながら、想定外の展開を伴う創造的なプロセスだ！」

トランプのカードの代わりに、互いに行動や態度のカードを出し合うゲーム。ただ、普通のゲームと違うところは、どちらかが勝ちどちらかが負ける、という勝負ではなく、

「こうしてねという親の誘いを受けて、子どもは子どもなりの言い分を主張し気持ちを表現しながら、最終的に親も子も納得できる合意に達する」

というどっちも勝ちのゲームです。結果を急いで出そうとしないで、ゲームの過程をたっぷり楽しんでください。途中経過が楽しければ、その結果も互いに納得のいくものになりやすいのです。

親も子も苦しかった

次の実例では、ダダこねがひどかった3歳の坊やを相手に、いろいろ苦しい思いを抱えていたお母さんが、文通による相談に支えられながら、ステキな親子関係を取り戻していったプロセスが紹介されていますが、そこには、これまで紹介してきたしつけの手立てがあれこれ出てくるところに注目してください。

【最初の相談】

もうすぐ3歳になる男の子の母親です。息子は、食事、入浴、歯みがき、トイレなど、生活の中でやらなければならないことのほとんどすべてを拒むのです。

振り返ってみると、ハイハイを始めた6か月の頃にはすでにオムツ替えに抵抗していました。その後は成長に合わせて抵抗するものも増えてきました。

小さいうちは、抵抗されるたびに何度も言い聞かせて、穏やかな解決を心がけてきたのですが、1年ほど前からあまりのしつこさに私がキレてしまい、最後には、叱って泣かせて、おびえさせて従わせる、ということを繰り返すようになりました。

私自身がなかなか機嫌を戻せず、怒りながら世話をするため、乱暴で冷たい態度で接してしまいます。こうして子どもを追い詰め傷つけては自己嫌悪、の繰り返しです。

子どもも、最近では2日に1回くらいの割合で大カンシャクを起こします。おもらしするほどの激しさで、1時間以上手がつけられない状態です。

これが始まると、「私がこんなに苦しめていたんだ」とハッとします。このときは抱っこしてやさしくしてあげようとがんばっています。……でも苦しいです。

また、外出を極端に嫌がるようになりました。外出するときは抱っこをせがみ、一歩も歩こうとしないのです。あそこまでと約束して抱っこしても、道の真ん中に寝転んで動かなくなります。説得したり、なだめたり、叱ったり……

しまいには感情的な怒り方をして泣きながら従わせるパターンになり、私もすっかり外に出る気がなくなりました。

家の中で遊んでいるときは楽しく、仲良くやっています。聞き分けもよく、とてもかわいく感じるときです。

しかし、お風呂、トイレ、歯みがき、爪切り……などの時間になると、「やろうか?」から始まって、イヤ、やる、イヤ、やるを延々と繰り返して、私が怒鳴り散らして終わります。食事もほとんど食べさせてもらうばかりか、私の膝の上で食べたがります。

オッパイもまだ飲んでいます。断乳ではなく卒乳させてやりたいと思い、止める時期は子どもにまかせていたのですが、どうやらオッパイがつらいときの逃げ場になっているようで、叱られた後などによくほしがります。私もオッパイをあげるとそれまでの怒りが消えてやさしい自分に戻れるので、そのことを子どもも感じているのかもしれません。

出産してからの私は怒りっぽく不満のかたまりです。仕事も辞め、友達との楽しい時間もなくなり、自由時間もなくなり、誰も私を助けてくれないという被害者意識に陥っています。こういう心境が子どもにも影響しているのでしょうか。

　夫は家事全般を手伝ってくれるのですが、育児に関しては全くです。子どもが私ばかりを求めるせいもあるのでしょうが、世話はほとんどできません。遊びに関しても、夫より私と遊びたがるため、子どもと私が片時も離れられません。悩みごとなどを相談してもただ黙って聞いていて（目はテレビを追っている）、「困ったね」のひとことでおしまいです。

　自分でも何に対してこんなに怒っているのか分かりません。子どもの気持ちを聞いてあげようとして抱き上げてはみても、いざ泣きだすと、「私をそんなに苦しめないで！」という思いにとらわれてしまいます。子どもの問題というより私の問題です。解決の糸口になるようなことがあったら教えてください。


　よくある母親の悩みだと思って、詳しく紹介しました。子どもの激しいダダこね、お母さんがイライラするのも分かります。

　もっとも、お母さんの怒りは、出産以来からだということです。もしかすると、結婚する前からの怒りかもしれません。

ご主人が子育てに協力してくれないということですが、家事全般は手伝ってくれるということですから、どう子育てを手伝ったらいいのか、どう相談に乗ったらいいのか、ご主人も困っているのかもしれませんね。

相談室から、返事を差し上げました。何か具体的なアドバイスがお役に立ったというよりは、まずは、悩みに寄り添いたいという思いをただ心をこめて伝えたことが、このお母さんの自己回復力を活気づけたかもしれません。

【子どもをあらたな目で】

お返事ありがとうございました。先生からのメッセージを読みながら涙が止まりませんでした。

一つ一つの言葉が心の深いところまで届いて、よくもこんなに泣けるものだと思うほどしゃくりあげて声を出して泣きました。お腹が筋肉痛になりそうなほど泣いたなんて何年振りのことでしょう。そして感謝の気持ちでいっぱいになりました。

親自身の気持ちを振り返る（納得するしつけ⑦）

私が育った家庭は両親が不仲で、親子間でも欠点ばかりを責めたてられるようなところでした。お酒を飲んでは感情的に怒鳴り散らす父を許せず、仕事ばかりで私に無関心な母に失望もしていました。

息子がダダこねをする姿と父の姿をダブらせていたのかもしれません。また「私を認めてほしい」という思いが夫へ向けられたのかもしれません。

先生がおっしゃるように子どもは「しあわせ作戦」を展開してるのですね。私が感情とうまくつきあえるように助けてくれているのかもしれません。

数日前、私がつらくて泣いていたときのことですが、私の涙を拭いながら息子も泣いたことがありました。声をあげずに、静かに涙だけ流す泣き方は子どものようではなく、すべてを分かっているようなやさしさに溢れていました。

親と子の気持ちがつながる（納得するしつけ⑥）

たった2歳の子どもを相手に大のおとなが泣いて、息子は涙が止まるまで頬を拭ってくれました。その後の抱っこは、安らかで忘れられないものになりました。まるで親子が逆転してしまったような不思議な体験でした。こういう抱っこもあっていいのですか？　子どもの前で泣いてはいけないと思ってきた自分がいるのです。

もちろん、こういう抱っこがあっていいのですよ。

【金魚の死をめぐって】

そして、その翌朝。

「ママー、金魚が、金魚が……」

と、息子が顔色を変えて、私のところに走り寄ってきました。息子がかわいがっていた金魚が亡くなったのです。

泣きじゃくる子どもを

大声で泣きじゃくる息子を抱きしめて、私は初めて、

抱きしめて心から
ヨシヨシする
（納得するしつけ⑤）

掘り返そうとする子ども
を手で止める
（納得するしつけ④）

息子の気持ちを心から聴いてやることができました。

庭のないアパート暮らしだったものですから、しばらくヨシヨシしてから、

「川の近くに埋めてあげようか」

と誘って、出かけていきました。

「天国に行ってしあわせになりますように」

「また生まれてきて、川の中で元気に泳いでね」

でも、いざお墓を作って金魚を埋めてしまうと、やっぱり納得がいかないようで、

「連れて帰るうー」

と泣き騒いで、掘り返そうとしました。

その手を押さえながら、懸命に慰めたのですが、息子は、涙と鼻水とよだれと、おまけにおもらしまでして、全身グショグショになったところで、ようやく家に戻ることができました。

見せかけの要求にまどわされずに共感する（納得するしつけ②）

息子は疲れ切って、泣きながら寝てしまいましたが、起きたらまた怒りと悲しみをぶつけてくることは分かりきっていたので、覚悟を決めて待っていました。

はたして、目が覚めると、

「チョコボールを買ってきて！」

と言いがかりをつけ始めました。

いつもだったら、私はここでふてくされてしまうところです。じっさい、

「何よ、これだけヨシヨシしてやっているのに、チョコボールをほしがるなんて」

と、ふてくされそうになる気持ちが出てきました。でも、

「ここでふてくされてはいけない！」

と思う気持ちも、いつになく強くなっていました。

「これは子どもの苦しさの表現なのだ、わがままではな

ふてくされそうになった自分を立て直す（納得するしつけ①）

いのだ」

と何度も自分に言い聞かせました。それでも怒りが込みあげそうになったときは、自分も幼いとき、大切な気持ちを親に分かってもらえなかったことを思い出して、

「あの思いを息子にはさせない」

という思いを強くしました。

ほら、「納得するしつけ」のいろんな手立てが登場しているでしょう？

【坊やが立ち直る】

また長いこと泣き続けて、またもやおもらしをしたので、着替えをさせました。泣き声が少しおさまってきたと思ったら、いったい何としたことでしょう、目を泣き腫らした息子は、

「あれっ？」

という声とともに起き上がり、

泣きやんで元気になる
（納得するしつけ⑤）

「お母さん、これ見てえ」

と、ウソのように普通になったのです。

それからはおかしくなるほど上機嫌になりました。そして、残りの2匹の金魚にエサをあげていました。

「やったあ」

私は達成感と満足感でいっぱいに満たされました。

それは、たんに聞き分けがうまくいった、ということだけではありませんでした。私のおとな心がついに立ち直って、子ども心に圧倒されることなく心の運転ができるようになり、息子の中の運転手の立ち直りを助けることができた、という喜びでもありました。

その後の子どもの様子ですが、一言で言うと「はりきっている」ように見えます。少々叱られても前のように落ち込んだり、いつまでも引きずっていたりということがなくなりました。

【新たな日々】

リズムを合わせて笑いで乗り越える（納得するしつけ⑤）

相変わらずダダこねはしていますが、以前とはダダのこね方も違うし、私の受け止め方も違う気がします。つい昨日も、

私（笑顔で、おどけて、子どもと同じ調子で）「これ、やる」

子（怒って）「これ、イヤ」

私「これ、やる」

子「これ、イヤ」

と繰り返したのが、まるで言葉のゲームでもしているかのように楽しかったです。

私のふざけた態度を見て、一瞬噴き出しそうにはなるのですが、

「でも、絶対に笑うもんか！　いまは、怒りたいんだ！」

という感じで、無理して怒っているようなのです。

私も負けずに笑わせてやろうとがんばっているうちに、

いつのまにか笑いのうちに終わってしまいました。

以前は、私がふざけたり笑わそうとすると、かえって逆効果で、お互いの態度に腹を立て合っていたのです。

この1週間は自分から外出もするようになり、スーパーのカートに約1年半ぶりに乗り、主人に初めてシャンプーをしてもらい……数え切れないほどのハードルを越えました！

そして、残りの悩みがまったく気にならなくなりました。

共同作業いろいろ

個々の親子によって、あるいは同じ親子であってもときと場合によって、共同作業にどれほどの多様な展開が起こりえるか、「公園から帰りたくない」の例で考えてみましょう。

親「今日は5時半におじいちゃんとおばあちゃんと食事に行く約束をしてあるから、もうちょっとだけ遊んだら帰ろうね」——理由を説明する。

子「うん」

（とは言ったものの、素直にすぐ帰ってくれるかしら……いけない、いけない。最初から白旗を掲げてどうするのっ）——親の威厳を取り戻す。

親「さあ、帰る時間ですよ」

子「やだ、もっと遊びたい」と遊び続ける。……さあ、これから先、どんな展開が考えられるでしょうか。

例①

親「じゃ、あと五分だけよ」——無理でない譲歩をする。

子「うん、分かった」

親「五分たったよ、帰ろう」

子「うん、帰ろう」

例②

親「おじいちゃんとおばあちゃんを待たせてはいけないから、もう帰ろう。その代わり、明日また来ようよ」――理由を説明する・代案を出す。

子「分かった、帰ろう」

例③

親（あっそうか、子どもの気持ちになればいいんだ）「ぼくはまだ帰りたくない。もっと遊んでいたいんだね」――気持ちに共感して代弁する。

子（すうーっと寄ってきて）「ママ、帰ろう」

例④

親「約束でしょ、帰るよ」と追いかける。キャッキャッと言いながら逃げる子どもとしばらく、「待て、待て」と追いかける遊びを続ける。――楽しく遊ぶ。

子「ああ、楽しかった。もう帰ろう」

例⑤

親「さあ、帰ろうね」――手をつないで誘う。

子（意外なほどあっさりと）「うん、帰ろうね」と応じて、手をつないで帰る。

例⑥

親「さあ、帰ろうね」――手をつないで誘う。

子「やだ、やだ、やだ、やだ」と言いながら、つながれた手を振り切ろうとする。

親「やだ、やだ、やだ、やだ」と唱和しながら、振り切られることなく握り続ける。

子、つないでいる親の手に未練心をこすりつけるように力を入れてくる。

親、振り切ろうとする力にリズムを合わせて、気持ちに共感する。

子「やだ、やだ……」と言いながら納得して帰る。

例⑦

親「さあ、帰ろうね」——手をつないで誘う。

子「やだ、やだ、やだ、やだ」と言いながら、つながれた手を振り切ろうとする。

親「やだ、やだ、やだ、やだ」と唱和しながら、振り切られることなく握り続ける。

子、ほどなく泣きだす。

親「よし、よし……」——慰める。

子、泣きながら納得して帰る。

例⑧

親「さあ、帰ろうね」——手をつないで誘う。

子「抱っこ」

親「じゃ、あの角までだよ」——無理でない譲歩をする。

子「ウン」

子、角のところから納得して歩いて帰る。

他にもいろんなパターンが考えられますね。

唯一の正解というのはないのです。その時々の自分たち親子だけにある正解を、あ

あでもないこうでもないと試行錯誤しながら見つけていってください。

そう
来たか…
ようし
それなら…
あと
五分

マンガ・免許皆伝《めんきょかいでん》トラの巻《まき》

しつけ忍法に日夜たゆまぬ修行したゆえ秘伝の虎の巻を取らせる
ありがとう存じます
ボクもほしいな
おまえはまだじゃ
横取りの術
あっいたずらぼうずが
サッ
ひょい
追いかけの術
こら待て!!
つかまえた!
あわわ
身代わりの術
あっ
スルリ

飛び上がりの術
サッ
えっ
いたい いたい…
だまし泣きの術
え〜〜っ!
へへへっ
べー
抱きしめの術
ギュ
調子合わせの術
はなさん はなさん
はなせ はなせ
だじゃれの術
いたい いたい
ママと一緒に いたいいたい

ヨシヨシの術
よしよし
えーんえーん
引き合いの術
巻物を返してね
かえさんかえさん
ほほえみ返しの術
わかったかえすかえす
いい子いい子
ニコニコ
パラ
一、叱るばかりがノーじゃない、
一、葛藤を納得へ
一、手を添えて導く
ニコニコ

おわりに

子育ては一つのワザ（技）ですから、それを文字で伝えるのは至難のワザ（業）です。昔は、世代から世代へと自然に伝えられ、あたりまえのようにやってきたことなのに、時代が移り変わって、生活様式や育児条件が一変してしまったために、いまに見合った子育てのしかたが見えにくくなっているのです。

親となった自分自身が幼いときにどう育てられたかが子育てのレパートリーになるのですが、時代の激動にもまれながら生きてきた古い世代としては、いま親となっている若い人たちに確かなレパートリーを残してやったという確信が持てません。

ただ、さいわいなことに、何十万年・何百万年という長い歴史の中で続けてきた子育ての知恵は、私たちの遺伝子の中に刻まれていると信じています。遠い記憶を思い出しながら、その知恵を現代に生かすスベ（術）を工夫していこうではありませんか。

私も長いこと子育て相談をしてきていますが、最近では、子育て相談とはその記憶の想起を手伝うことではないか、という思いがますます強くなってきました。たとえば、ダダこねとどうつきあったらいいかというちょっとした実技を体験していただくと、幼い頃にその体験をしたことがないという方であっても、「なるほど、そうであった」と納得していただけるのです。

そこが、同じワザとは言っても、現代文明になって初めて現れた自動車の運転などとは根本から違うところなのですね。本書で紹介したような手立てがどうもうまく使いこなせない、と行き詰まったときには、全国に何人かいる私の仲間のところに相談にいらっしゃってください。想起のお手伝いをさせてください。

そして、できることなら、思い出した知恵をほかの親たちに伝えていく活動にも加わってほしいのです。

阿部秀雄（あべ・ひでお）

東京大学教育学部教育心理学科卒業。千葉県保育専門学院講師、つくも幼児教室長などを歴任するなかで、親と子の心をしっかり通い合わせる独創的なカウンセリングを創り出し、数多くの親子に幸せをもたらしている子育てカウンセリングの第一人者。現在、日本抱っこ法協会名誉会長、癒しの子育てネットワーク代表。著書に『「大好き」を伝えあう子育て』『ダダこね育ちのすすめ』（共に中央法規出版）、『きっと親子がしあわせになる「抱っこ法」』（新紀元社）、『お母さんのイライラがニコニコに変わる魔法の子育てカウンセリング』（カンゼン）他多数。

連絡先　〒130-0022 東京都墨田区江東橋4-29-11　藤崎ビル8階
TEL・FAX　03-5624-3229
http://homepage2.nifty.com/happyhug/

本文デザイン／寒水 久美子
本文イラスト＆まんが／くどう のぞみ
DTPオペレーション／株式会社明昌堂

1～6歳 成功する！ しつけの技術

発行日　2008年7月26日　初版
　　　　2012年4月29日　第3刷　発行

著　者　阿部 秀雄
発行人　坪井 義哉
発行所　株式会社カンゼン
〒101-0021
東京都千代田区外神田2-7-1　開花ビル4F
TEL 03（5295）7723
FAX 03（5295）7725
http://www.kanzen.jp/
郵便振替 00150-7-130339
印刷・製本　株式会社リーブルテック

ISBN 978-4-86255-019-4
Printed in Japan
定価はカバーに表示してあります。

ご意見、ご感想に関しましては、**kanso@kanzen.jp**までEメールにてお寄せ下さい。お待ちしております。

あふれるまで愛をそそぐ
6歳までの子育て
子どもの心にひびく愛・ひびかない愛

実例でわかる、親の愛の伝え方
一見ふつうの子が「甘え不足症候群」ということがよくあります。親は愛しているつもりなのに、それが子どもには伝わっていないのです。でも、親の愛が伝わったとき、子どもはたちまち変身します。子どもの心にふれる的確な伝え方が、実例ではっきりわかります。

NPO法人子どもの教育　幼児部門代表
本吉圓子 著

定価：1,365円（税込）ISBN 4-901782-87-8

人間関係のいい子に育てる本
「友達に好かれる子」にするために親ができること

人間関係力を育てる初めての本
子どもたちのストレスNO.1は友達関係の悩みです。いじめ、友達ができない、人とつきあうのがイヤ…。友達と上手につきあえる子に育てるには、親はどんなことに気をつければいいのか？　熟練のカウンセラーが豊富な体験をもとに具体的な育て方を提案します。

東京心理教育研究所所長　認定カウンセラー
金盛浦子 著

定価：1418円（税込）ISBN 978-4-901782-94-4

子どもは和食で育てなさい
心と体を元気にする食育のススメ

教育やしつけの前にちゃんと栄養素のとれる食事を！
イライラする、すぐカッとなる、落ち着きがない——今まで教育やしつけの問題と考えられてきた心の状態が食生活と関連していることを実証し、どんな食事が今の子どもたちに必要なのかを具体的に述べています。

医学博士　NPO法人 日本食育協会理事
鈴木雅子 著

定価：1,365円（税込）ISBN 4-901782-57-6

子育てマンガ
「心の基地」はおかあさん
やる気と思いやりを育てる親子実例集

「心の基地」がある子どもは思いやりがあり、へこたれない

140万部突破のベストセラー『「心の基地」はおかあさん』があたたかく実感あふれるマンガになりました。子育ての基本がすべて収められた、おもしろくてとってもためになる本です。

大妻女子大学名誉教授
医学博士
平井信義 原作／大谷美穂 マンガ／海野洋一郎 編

定価：1,260円（税込）ISBN 4-901782-77-0

子育てマンガ
すてきなお母さんになるシンプルな3つの方法
自分を育てる初めての親業

風通しのいいすてきな親子関係がはじまる

子どもの本音が聞ける！「能動的な聞き方」、親の思いが伝わる！「わたしメッセージ」、親子の対立を解決！「勝負なし法」。世界46ヵ国500万人以上が学んでいる、信頼される親になるトレーニングをマンガで学ぼう。

親業訓練協会特別顧問
近藤千恵 原作／大谷美穂 マンガ

定価：：1,344円（税込）ISBN 4-901782-91-6

子育てマンガ
親子でわかる食育の本
ゴハンザウルスのおもしろ授業

家庭ですぐに実践できる「笑う！食育」

食べ方一つで健康にも病気にもなる現代。親だけでなく、子どもにも食の知恵は絶対に必要です。親向けの文と子ども向けのマンガを親子で笑いながら読んでいるうちに、食育の基本がしっかり身につきます。

NPO法人
こどもの森理事長
吉田隆子 著／大谷美穂 マンガ

定価：1,344円（税込）ISBN 978-4-901782-98-2

癒しの子育てネットワーク代表
阿部秀雄 著
定価：1,365円（税込）
ISBN 4-901782-70-3

お母さんのイライラがニコニコに変わる
魔法の子育てカウンセリング
「おとな心」の親になるために

自分を育てながら子どもを育てる

- ◆第一章　しあわせは心のバスに乗って
- ◆第二章　ほほえみ返しの効用
- ◆第三章　気持ちの整理学
- ◆第四章　親は大きい・子は小さい
- ◆第五章　現実ベストの子育てを
- ◆第六章　おとな心の親心

子どもにイライラをぶつける前にお読みください

お母さんのイライラにはわけがあります。子どもの頃に満たされなかった「インナーチャイルド（心の中の子ども）」が、癒されることを求めて泣いているのです。子育てカウンセリングの第一人者が、「インナーチャイルド」を癒して、「おとな心」の親になる方法を、やさしく書き下ろしました。

東京賢治の学校
自由ヴァルドルフシューレ代表
鳥山敏子 著
定価：1,365円（税込）
SBN978-4-86255-008-8

親が1ミリ変わると子どもは1メートル変わる
親と教師がつくる「新しい学校」

子どもたちに最良の教育を！

「こんな学校があったらいいな」――そんな学校を親たちが現実に作ってしまった！　そして、子どもたちは目を輝かせて学び始めた。その名は「東京賢治の学校・自由ヴァルドルフシューレ」。今初めて明らかになる「学校作り」、驚きのレポート。

日本の教育は
ここからよみがえる！

お求めは全国の書店にて。購入に関するお問い合わせはカンゼンまで。

株式会社カンゼン　〒101-0021　東京都千代田区外神田2-7-1　開花ビル4F
TEL 03-5295-7723
✉ info@kanzen.jp　http://www.kanzen.jp/

カンゼンでは、書籍に関する企画・原稿をひろく募集しております。まずはメールにてお問い合わせください。